Musikgespräche mit Kindern

Thomas Tapper

Writat

Diese Ausgabe erschien im Jahr 2024

ISBN: 9789359946634

Herausgegeben von
Writat
E-Mail: info@writat.com

Inhalt

VORWORT

Ein Buch dieser Art, das sich zwar an Kinder richtet, muss sie notwendigerweise über eine ältere Person erreichen. Ziel ist es, einige der vielen Aspekte aufzuzeigen, die Musik sogar für das Gehirn eines Kindes haben kann. Wenn diese Kapitel oder was auch immer sie logisch nahelegen, tatsächlich als Grundlage für einfache Gespräche mit Kindern verwendet werden, kann Musik für sie mehr als nur Drill und Studium sein. Sie sollten sie als eine Kunst voller Schönheit und Würde kennenlernen; voller reiner Gedanken und überschäumender Freude. Musik mit diesen Eigenschaften ist die wahre Musik des Herzens. Wenn Musik jungen Menschen keine wahre Freude bereitet, kann man zweifeln, ob sie sinnvoll studiert wird.

Unser Versäumnis, den Jugendlichen Musik auf eine Weise zu vermitteln, die sie interessiert und fesselt, liegt nicht so sehr daran, dass Musik für Kinder zu schwierig ist, sondern daran, dass die Kinder selbst zu schwierig für uns sind. In unserer Unwissenheit verweigern wir oft das rechtmäßige Erbe. Wir dürfen nicht vergessen, dass der langsamere erwachsene Geist oft auf Schwierigkeiten stößt, die das vorurteilslose Kind nicht erkennt. Es kommt nicht selten vor, dass wir mit den alten Ängsten in uns weiterhin Schwierigkeiten schaffen.

Beim Lehrer sollte immer der Gedanke vorhanden sein, dass Musik aus der Individualität herausgeführt und nicht in sie hineingetrieben werden muss.

Das Wissen des Lehrers ist kein Hammer, es ist ein Licht.

Es wird zwar empfohlen, diese Kapitel als Gesprächsstoff mit den Kindern zu verwenden, sie können sie aber auch wörtlich lesen, wenn sie das möchten. Alle Fußnotenverweise und Vorschläge richten sich an die ältere Person – die Mutter oder den Lehrer. Es gibt in der Kunstliteratur vieles, was Kinder interessieren könnte, wenn man es ihnen mit Bedacht vorlegt.

THOMAS TAPPER.

BOSTON, 30. Oktober 1896

VOM GLEICHEN AUTOR.

Chats mit Musikstudenten oder Gespräche über Musik und das Musikerleben.

„Ein außerordentlich wertvolles Werk. Es enthält Vorträge für Studenten, die zum Nachdenken anregen sollen, sowie Hinweise und Anregungen, die denjenigen, die ernsthaft versuchen, sich musikalische Kenntnisse anzueignen, eine enorme Hilfe sein werden." – *Boston Transcript.*

„Kein anderes Buch deckt das gleiche breite Feld ab, das dieses Buch auf solch angenehme und inspirierende Weise abdeckt." – *The Writer (Boston).*

Das Musikleben und wie man darin erfolgreich ist.

„Diese Ideen verdienen die Aufmerksamkeit von Studenten und Arbeitern in allen Bereichen der Kunst, Wissenschaft und Literatur, die ernst und ernsthaft sein wollen." – *Boston Transcript.*

„Überaus wertvoll wegen seiner weitgehenden Unparteilichkeit in der Darlegung der Wahrheit, seines tiefen Verständnisses und vor allem wegen seines ernsthaften Wunsches, der sich in jedem Wort manifestiert, Musikstudenten zur Liebe zur Musik selbst zu führen … Es ist reich an Hochgefühlen." künstlerisches Denken und Einsicht." – *The Boston Times.*

KAPITEL I.

WAS DAS GESICHT SAGT.

„Und das Licht *bleibt* bei ihm." – *Daniel II: 22.*

Einmal sagte ein Meister zu einem Kind:

„Wenn du fleißig studierst, lernst und anderen Gutes tust, wird dein Angesicht mit Licht erfüllt sein."

Also lernte das Kind eifrig, lernte und suchte nach Möglichkeiten, anderen Gutes zu tun. Und ab und zu rannte sie zum Glas, um zu sehen, ob das Licht kam. Aber jedes Mal war sie enttäuscht. Es war kein Licht da. Versuchen Sie es so treu, wie sie wollte, und schauen Sie, so oft sie wollte, es war immer das Gleiche.

Ich weiß nicht, ob sie am Meister zweifelte oder nicht; aber es ist sicher, dass sie nicht wusste, was sie davon halten sollte. Sie trauerte und von Tag zu Tag wuchs ihre Enttäuschung. Endlich konnte sie es nicht länger ertragen, also ging sie zum Meister und sagte:

„Lieber Meister, ich war so fleißig! Ich habe versucht zu lernen und anderen Gutes zu tun. Doch jedes Mal, wenn ich in meinem Gesicht nach dem Licht gesucht habe, *das Sie versprochen haben* , war es nicht da. Nein, nicht ein einziges Mal."

Der Herr hörte aufmerksam zu, beobachtete ihr Gesicht und sagte:

„Du armes Kleines, in diesem Moment, als du mit mir gesprochen hast, war dein Gesicht so voller Licht, dass du es nicht glauben konntest. Und weißt du, warum? Weil jedes Wort, das du in diesem Moment gesprochen hast, aus deinem Herzen kam.

„Du musst *in den ersten Tagen* diese Lektion lernen: Wenn der Gedanke und die Tat im Herzen sind, dann ist das Licht immer im Gesicht, und es ist zu keiner anderen Zeit da. Es könnte nicht sein. Und was ist drin." Dein Herz, wenn du vor dem Spiegel stehst? In diesem Moment hast du dich vom Fleiß und vom Lernen und von der Liebe, anderen Gutes zu tun, abgewandt und in deinem Herzen ist nur noch die schwache Neugier übrig, das Licht zu sehen, das niemals zu sehen ist leuchte, wenn du danach strebst. Denn dieses Licht ist für immer in dir, und es wird dir nicht gelingen, darauf zu schauen. Nur wenn du treu bist, wird es hinzugefügt zu dir."

Noch betrübter als zuvor sagte das kleine Kind:

„Meister, ich verstehe nicht, was du gesagt hast, und doch glaube ich dir; aber der Wunsch ist immer noch in mir, das Licht meines Angesichts zu sehen, wenn auch nur einmal. Du, der du weise bist, sag mir, warum es mir verweigert wird." "

Und der Meister antwortete:

„Es wird uns allen verweigert. Niemand darf das Licht seines eigenen Angesichtes sehen. Deshalb sollst du täglich mit Fleiß arbeiten, damit dein Licht vor anderen strahlt. Und wenn du das Licht sehen willst, sollst du es *in einem anderen leuchten lassen* . " Das ist das Größte von allem – das Licht hervorzubringen. Und um dies zu tun, musst du in allem, was du bist, Fleiß, Liebe zum Lernen und den Wunsch zeigen, anderen Gutes zu tun , so wie dir diese Dinge beigebracht wurden."

KAPITEL II.

WARUM WIR MUSIK STUDIEREN SOLLTEN.

„Musik macht die Menschen sanfter und sanftmütiger , bescheidener und verständnisvoller." – *Martin Luther.* [1]

Es war derselbe Musikliebhaber, der einmal sagte: „Musik ist das schönste Geschenk Gottes." Allein diese Worte sollten eine ausreichende Antwort auf die Frage sein, die wir in diesem Vortrag gestellt haben, aber ein wenig mehr könnte es klarer machen. Hier sind wir versammelt, um über Musik zu reden. Wir wissen, dass Musik gefällt; Für viele von uns ist es sogar mehr als ein Vergnügen; Natürlich ist es schwierig, die Lektionen richtig zu lernen, und wir müssen kämpfen und uns anstrengen. Oft erscheint uns der Weg so unwegsam und steinig, dass wir nicht weiterkommen. Wir sind verletzt, und heiße Tränen der Entmutigung fließen uns, und wir setzen uns niedergeschlagen hin und haben das Gefühl, dass es das Beste wäre, es nie wieder zu versuchen. Aber selbst wenn die Tränen am schnellsten fließen , spüren wir etwas in uns, das uns zum Zuhören bringt. Wir können wirklich hören, wie unsere Gedanken darum kämpfen, uns etwas zu sagen – vom Herzen angetrieben, da können wir sicher sein.

Und was sagt Musik unseren Gedanken?

„War ich nicht eine Freude und ein Trost für dich? Habe ich dich nicht viele, viele Male zum Singen und Tanzen gebracht? Habe ich dich nicht dein größtes Glück singen lassen? Und bin ich nie um dich, zu Hause, in In der Schule, in der Kirche? Ich habe dich immer, *immer* fröhlich gemacht. Aber du hast *gesagt* , du wolltest, dass ich bei dir wohne Herz, dass du mich verständnisvoll haben könntest, und weil ich dafür Arbeit verlange, sitzt du hier mit deinen heißen Tränen in deinen Augen und nicht ein bisschen von mir in deinem Herzen Jetzt immer mehr, und jetzt wirst du mich aufgeben, weil ich dich ein wenig arbeiten lasse?"

Nun, wir alle haben genau diese Erfahrung gemacht und schämen uns immer für unsere Entmutigungen; aber selbst das sagt uns nicht, warum wir Musik studieren sollten. Manche Menschen studieren sie, weil sie es müssen; andere, weil sie es lieben. Sicherlich ist es am besten für diejenigen, die sich aus tiefstem Herzen dafür entscheiden, etwas über Töne und die Botschaften zu lernen, die sie vermitteln.

Ist Ihnen schon einmal aufgefallen, dass Menschen scheinbar bereit sind, jede Anstellung aufzugeben, wenn Musik in die Nähe kommt? Selbst in den belebtesten Straßen einer Stadt lässt uns der Orgelspieler seinen Melodien lauschen. Trotz der Eile und der Menschenmenge und dem Wirrwarr der Geräusche ertönen die Orgeltöne überall klar, voll und melodisch und fordern uns auf, ihnen Beachtung zu schenken. Vielleicht markieren wir die Musik mit der Hand, gehen anders oder beginnen mit der Hand zu singen. Auf die eine oder andere Weise wird die Musik uns dazu bringen, etwas zu tun – das zeigt ihre Kraft. Ich habe in vielen europäischen Städten eine Gruppe von Kindern rund um den Orgelmann gesehen, die tanzten oder sangen, während er spielte, und jede Melodie in vollen Zügen genossen. Dies lehrte mich, dass Musik jeder Art ihren Liebhaber hat und dass die Liebe zur Musik mit ein wenig Mühe und ein wenig Geduld allen gleichermaßen gilt und gesteigert werden kann, wenn andere Dinge sie nicht verdrängen.

Eines der ersten Dinge, die man über Musik sagen kann, ist, dass sie glücklich macht, und was glücklich macht, ist gut für uns, denn Glück erhellt nicht nur das Herz, sondern ist auch eine der besten Möglichkeiten, das Gesicht zum Leuchten zu bringen. Sobald wir Musik studieren, lernen wir eine ernste Lektion, und zwar diese: Es hat keinen Sinn, wenn wir versuchen, Musiker zu sein, wenn wir nicht bereit sind, bei allen musikalischen Aufgaben, die wir erledigen, perfekte Ordnung zu lernen.

In dieser Hinsicht ist die Musik eine besonders strenge Herrin. Nichts Schlampiges, Unordentliches oder Ungeordnetes ist gut genug. Die Zählung muss absolut richtig sein, nicht schnell oder langsam, wie es unsere Phantasie vorschreibt, sondern gleichmäßig und regelmäßig. Die Hände müssen ihre Aufgabe in freundschaftlicher Weise gemeinsam erledigen; die eine darf die andere niemals bedrängen oder drängen, jede muss bereit sein, der anderen nachzugeben, wenn der richtige Moment kommt.[3] Die Füße dürfen die Pedale niemals so benutzen, dass die Harmonien falsch vermischt werden, sondern müssen im richtigen Moment die Saiten zusammen singen lassen, wie es der Komponist wünscht. Die Gedanken dürfen keinen einzigen Moment vom Spiel abschweifen; sie müssen treu bleiben, das Kommende vorbereiten und den Händen befehlen, genau die richtige Aufgabe auf die richtige Weise zu erledigen. Das zeigt uns, wie Sie sehen, die zweite und strenge Eigenschaft der Musik. Sie wird uns nicht erlauben, unordentlich zu sein, und mehr noch, sie lehrt uns eine Gewohnheit der Ordnung, die uns bei jeder anderen Aufgabe von Nutzen sein wird. Sehen wir uns nun an:

Erstens sollten wir uns mit Musik beschäftigen, weil sie uns Freude bereitet.

Zweitens sollten wir Musik aufgrund der Ordnung studieren, die sie uns lehrt.

Es gibt noch einen dritten Grund. Wenn Musik uns glücklich macht, erlangen wir dann nicht durch das Lernen die Fähigkeit, anderen Freude zu bereiten? Das ist eine der größten Freuden des Lernens. Das Wissen erweist sich nicht nur als nützlich und macht uns Freude, sondern wir können es auch ständig anderen nützlich und freudebringend machen. Lehrt uns das nicht, wie dankbar wir all jenen sein sollten, die ein nützliches Leben führen? Und denken Sie an all die Menschen, die ihr Leben damit verbracht haben, schöne

Gedanken niederzuschreiben und aus tiefstem Herzen zu singen, Tag für Tag, ihr ganzes Leben lang, zur ewigen Freude anderer.

In unserem nächsten Vortrag werden wir lernen, dass reine Gedanken, die aus dem Herzen kommen, immer ein Gut in der Welt sind. Daraus werden wir lernen, dass wir, wenn wir Musik richtig studieren, in unseren eigenen Herzen dieselben guten Gedanken kultivieren, die der Komponist hatte. Der dritte Grund, warum wir Musik studieren können, ist daher, dass es uns befähigt, anderen zu helfen und sie aufzumuntern, ihnen zu helfen, indem wir ihnen bereitwillig unser geringes Wissen vermitteln, und sie aufzumuntern, indem wir die schönen Gedanken in dem Ton wiedergeben, den wir gelernt haben.

Das sind wirklich drei gute Gründe, aber es gibt noch viele andere. Lassen Sie uns über einen von ihnen sprechen. In einigen der Vorträge, die wir führen werden, werden wir erfahren, dass wahre Musik aus einem wahren Herzen kommt; und diese großartige Musik – das sind die Klassiker – ist der Gedanke von Männern, die rein und edel sind, die in der Art des Schreibens gelehrt sind und darauf bedacht sind, nie etwas anderes als das Beste zu schreiben. Es ist für uns offensichtlich von großem Nutzen, wenn wir täglich die Musik solcher Männer studieren. Auf diese Weise werden wir mit dem größten Gedanken in Kontakt gebracht. Diese ständige Präsenz und dieser Einfluss werden unsere Gedanken zu größerer Stärke und größerer Schönheit formen. Wenn wir die Geschichte der Musik lesen, werden wir sehen, dass die größten Komponisten schon in ihren ersten Tagen bereit waren, die Meisterwerke ihrer Zeit zu studieren. Sie haben ihre Gedanken durch den Kontakt mit Gedanken gestärkt, die stärker sind als ihre eigenen, und wenn wir wollen, können wir auf die gleiche Weise davon profitieren. Wir wissen jetzt, dass es viele Gründe gibt, warum es für uns gut ist, Musik zu studieren. Von vier davon haben wir insbesondere gesprochen. Sie sind:

Erstens wegen der Freude, die es uns bereiten wird.

Zweitens wegen der Ordnung, die es von uns verlangt.

Drittens wegen der Kraft, die es uns gibt, anderen zu helfen und sie aufzumuntern.

Viertens wegen der großen und reinen Gedanken, die es uns vor Augen führt und in uns weckt.

Sind all diese Dinge wahr, fragen Sie sich? Wenn das kleine Kind den Meister danach gefragt hätte, hätte er geantwortet:

„Diese Dinge wirst du als real empfinden, weil sie dich mutig machen. Und der Schmerz und die Plackerei und die heißen Tränen werden leichter zu ertragen sein, dank dieser Erkenntnis, die so stark in dir sein sollte wie ein reiner Glaube.“

KAPITEL III.

MUSIK IM HERZEN.

„Raffaellos Genie geht direkt zum Herzen."— *Autobiographie von Benvenuto Cellini.* [4]

Der einzig wahre Weg zum Lernen ist durch Tun. Die Geschicklichkeit der Hände und die Geschicklichkeit des Denkens können nur durch Übung hervorgebracht werden. Wir werden weder sehr geschickt noch sehr gelehrt noch sehr gut, wenn wir uns nicht täglich Aufgaben widmen – oft schwierigen und unangenehmen –, die uns Weisheit, Erfolg oder Güte bringen. Keines dieser Dinge, noch irgendein anderes wie sie, kommt nur dadurch, dass man darüber redet. Das ist der schlechteste Weg von allen — nur zu reden und nicht zu handeln. Aber wenn wir ehrlich reden und mit Bedacht handeln, werden wir viel gewinnen. Angenehme Gesellschaft bringt oft Gedanken hervor, die, wenn wir ihnen fleißig folgen, weit in eine gute Richtung führen.

Ich weiß nicht, dass jemand Musik mit einem Land verglichen hat. Aber wir können den Vergleich anstellen, und dann wird klar, dass wir entweder durch das Land wandern, die schönen Dinge sehen, uns über sie wundern und über unsere Bewunderung und unser Staunen sprechen können; oder wir können dies mit einer wahren und ernsthaften Untersuchung verbinden, die uns als Belohnung das klare Verständnis einiger Dinge gibt, die wir sehen. Lasst uns auf diese Weise reisen; erstens, weil wir dadurch wahres Wissen erlangen werden, aber noch besser, weil wir dadurch *in den ersten Tagen lernen werden* , dass die wahrsten Freuden und das teuerste Glück diejenigen sind, für die wir etwas getan haben; diejenigen, für die wir sowohl Arbeit als auch Mühe auf uns genommen haben.

Eine der weisesten kleinen Philosophinnen der Welt war Polissena,[5] und ich glaube, sie wurde weise, nur weil sie sich anstrengte. Je mehr wir mit wahrer Musik vertrauter werden, desto mehr werden wir Folgendes lernen: Wahre Musik ist das, was im Herzen eines Menschen geboren wird. „Alle unsterblichen Schriftsteller sprechen aus dem Herzen."[6] Nichts könnte wahrer sein; Und da sie *aus ihrem Herzen* sprechen, können Sie sicher sein, dass sie beabsichtigen, *in* unser Herz zu sprechen. Nirgendwo sonst. Da wahre Musik im Herzen eines Menschen entsteht, müssen wir sie in unserem eigenen Herzen spüren, während wir sie spielen, sonst bedeutet sie nichts. Das Herz muss warm werden, dann kommen die Schönheiten der Musik zum Vorschein. Es ist seltsam, wie sich unsere Stimmungen äußern. Alles, was wir mit unseren Augen und mit unseren Ohren, mit der Zunge und mit den Händen tun, was wir sogar mit unseren Gedanken tun, sagt sich mit Sicherheit von selbst, ob wir es mit willigem Herzen tun oder nicht. Es ist merkwürdig, dass die Wahrheit ans Licht kommt, was auch immer ein Geheimnis zu sein scheint, aber so merkwürdig es auch sein mag, es kommt doch ans Licht. Daran müssen wir denken.

Jeder von uns kennt den Unterschied zwischen freiwilligem und unfreiwilligem Handeln. Wir wissen, dass Dinge, die mit Freude und Eifer getan werden, gut gemacht sind und direkt aus dem Herzen zu kommen scheinen. Darüber hinaus wecken sie bei denen, die um uns herum sind, wirklich Freude und Eifer. *Inspirieren* ist genau das richtige Wort. Schlagen Sie es in Ihrem Wörterbuch nach und stellen Sie fest, dass es genau das bedeutet, was passiert: *Einatmen* . Sie hauchen allen anderen Dingen Freude und Glück *ein* , und es kommt aus unseren Herzen.

Glück kann man auf viele Arten ausdrücken: durch Lachen, durch die Augen, durch ein Spiel, durch ein Leben wie das von Polissena, durch alles, aber nichts, das nicht das Herz gewinnt. So wie man Glück in allem ausdrücken kann, kann man es auch in der Musik ausdrücken. Wir können Glück ins Spiel bringen, ebenso können wir Glück in die Musik stecken. Und so viel davon, wie wir in etwas hineinstecken, wird herauskommen. Außerdem können wir dies genauso gut jetzt wie zu einem anderen Zeitpunkt lernen: Was auch immer wir in das hineinstecken, was wir tun, wird herauskommen. Es kann Glück oder Müßiggang oder Hass oder Mut sein; was auch immer in das hineinsteckt, was wir tun, wird sehr deutlich herauskommen. Denken Sie an alles. Das bedeutet viel. Wenn Sie eine Stunde lang üben und sich die ganze Zeit wünschen, etwas anderes zu tun, können Sie sicher sein, dass Ihr Wunsch so deutlich aus Ihrem Spiel herauskommt, dass jeder es erkennt. Finden Sie das seltsam? Nun, das mag sein, aber es ist die reine Wahrheit.

Niemand kann vielleicht erklären, warum und wie, aber es ist sicher wahr, dass beim Spielen unserer Musik alles, was im Herzen vorgeht, seinen Weg in den Kopf, in die Arme und Hände findet, in die Musik, durch die Luft und in die Herzen aller, die zuhören. Daher ist es eine wertvolle Wahrheit, die wir nicht vergessen sollten: Was auch immer wir in unsere Musik hineinlegen, wird auch wieder herauskommen, und wir können es nicht aufhalten; und andere Menschen werden es verstehen und dadurch erkennen, was wir sind.

Gefühle zum Ausdruck bringt, werden wir anfangen, ihre Wahrhaftigkeit und ihre Kraft sowie ihre Schönheit zu verstehen. Wir werden von unseren ersten Tagen an sehen, dass die Musik die Wahrheit sagt. Das wird uns helfen, die wahre Mission der Kunst ein wenig zu verstehen, „entweder etwas Wahres auszudrücken oder etwas Nützliches zu schmücken."[7] Sobald wir dies *ein wenig verstanden haben* , werden wir anfangen, die Kunst zu lieben. Wir werden froh und bereit sein, dass die Musik uns offenbart, den Geist in uns zeigt, denn nach und nach wird mit dem Verständnis Liebe und Ehrfurcht für die schönen Gedanken kommen, die in Tönen eingeschlossen sind.

Menschen, die sehr vielen Menschen etwas sagen wollen, von denen sie viele nicht kennen und zu denen sie nicht gehen können, schreiben alles auf, was sie zu sagen haben, und machen daraus ein Buch. Es gibt jedoch einige Männer, die viele schöne Gedanken haben, die sie denen mitteilen möchten, die sie verstehen können; diese können in ihrem eigenen Land oder in anderen Ländern wohnen; in ihrer eigenen Zeit oder in der Zukunft. Aber die Botschaft dieser Männer ist so schön und so zart, dass sie nicht in Worten erzählt werden kann, also erzählen sie sie in Musik. Dann können die Menschen in ihrem eigenen Land und in anderen Ländern, an ihrem eigenen Tag und für immer danach die heiklen Gedanken herausfinden, indem sie die Seiten der Musik studieren und *mit ihrem Herzen nach* dem Gedanken suchen, der aus dem Herzen des Meisters kam.

Wundern Sie sich, dass Komponisten ihre Kunst verehren? Von Chopin wird uns erzählt, dass die Kunst für ihn eine hohe und heilige Berufung war.[8] Wunderst du dich? Lassen Sie mich Ihnen ein paar Worte über seine Hingabe vorlesen: „Um ein geschickter und fähiger Meister zu werden, studierte er, ohne von dem … Ruhm zu träumen, den er erlangen würde." „Nichts könnte reiner und erhabener sein als seine Gedanken"[9], denn er wusste, dass die Unreinheit in seiner Musik zum Vorschein kommen würde, wenn seine Gedanken nicht rein wären.

Die Musik, die zuerst im Herzen gefühlt und dann niedergeschrieben wurde, findet ihren Weg und erzählt alles über das Herz, wo sie geboren wurde. Wenn Sie spielen und fühlen, dass Sie aus dem Herzen spielen, können Sie sicher sein, dass Sie auf dem richtigen Weg sind. Das Schöne ist, dass dies wahr ist, egal wie einfach die Musik ist. Das Allereinfachste wird alles über uns erzählen. Denken Sie daran, dass große und gute Männer beim Musizieren Gedanken in Töne gebracht haben, die der Welt für immer Freude und Trost bringen werden. Einige dieser Vorträge werden sich um klassische und gewöhnliche Musik drehen. Aber ich bin sicher, dass wir schon jetzt verstehen, dass gute Musik aus reinem Denken entsteht und reines Denken aus einem guten Herzen kommt. Das ist sicherlich klar und einfach.

Reine Musik ist ernsthaft und liedhaft. Jeder Teil hat Bedeutung. Kein Ton hat einen erhabenen Zweck. Das ist wahre Musik. Sie ist klassisch und kommt aus dem Herzen, das hineingesteckt wird.

Wenn wir unserer Musik treu bleiben, wird sie uns mehr bringen, als wir uns erträumen können. Kennen Sie die Inschrift, die sich einst über dem Nordtor der Stadt Siena in Italien befand?

„Siena öffnet dir nicht nur ihre Tore, sondern auch ihr Herz."

KAPITEL IV.

DIE TÖNE ÜBER UNS.

„Wissenschaftliche Bildung sollte uns lehren, sowohl das Unsichtbare als auch das Sichtbare in der Natur zu sehen." – *John Tyndall* .[10]

In England lebte einst ein berühmter Wissenschaftler namens Tyndall, der sich unter anderem für die Erforschung von Geräuschen interessierte. Er studierte Geräusche aller Art, machte Experimente mit ihnen, schrieb seine Beobachtungen nieder und schrieb daraus ein Buch[11], das für alle nützlich war, die mehr über Geräusche und ihre Natur erfahren möchten.

Eines Tages wanderten Tyndall und ein Freund einen der Berge der Alpen hinauf.[12] Als sie den Pfad hinaufstiegen, wurde Tyndalls Aufmerksamkeit durch ein schrilles Geräusch erregt, das aus dem Boden zu seinen Füßen zu kommen schien. Als ausgebildeter Denker war er sofort neugierig, was die Ursache dafür sein könnte. Als er genau hinsah , stellte er fest, dass es von einer Vielzahl kleiner Insekten stammte, die am Wegrand herumschwirrten. Nachdem er sich vergewissert hatte, was es war, erzählte er seinem Begleiter von dem schrillen Ton und stellte zu seiner Überraschung fest, dass er ihn nicht hören konnte. Tyndalls Freund konnte alle gewöhnlichen Geräusche perfekt hören. Dies schien jedoch ein Ton zu sein, der seinen Gehörsinn nicht erreichte. Wer wie Tyndall aufmerksam auf Geräusche aller Art lauschte, würde schnell alles Ungewöhnliche entdecken. Dieser kleine Vorfall lehrt uns, dass Geräusche um uns herum passieren können, von denen wir aber nichts wissen. Außerdem lehrt es uns, über Töne nachzudenken, sie zu suchen und in den ersten Tagen unsere Bekanntheit und Vertrautheit mit ihnen zu steigern.

Wissenschaftler, die die verschiedenen Arbeitsweisen des Gehirns erforschen, sagen uns, dass Gewohnheiten und ein beschäftigter Geist uns oft viele Dinge um uns herum vergessen lassen. Manchmal haben wir den Glockenschlag nicht bemerkt, obwohl wir zur vollen Stunde im Zimmer waren; oder jemand spricht mit uns, und weil wir an etwas anderes denken, hören wir nicht, was zu uns gesagt wird. Es ist sicherlich wahr, dass sehr viele Menschen nicht einmal die Hälfte der Geräusche hören, die um sie herum geschehen, Geräusche, die den Menschen viel beibringen würden, wenn sie nur darauf achten würden. Und gerade diejenigen, die Musik studieren, sollten besonders auf Geräusche aller Art achten. Tatsächlich besteht der einzige Weg, eine musikalische Ausbildung zu beginnen, darin, zu lernen, zuzuhören. Robert Schumann, ein deutscher Komponist, schrieb einst eine Reihe von Regeln für junge Musiker. Da Schumann die Angewohnheit hatte, nur das zu schreiben, was unbedingt nötig war , können wir davon ausgehen, dass er seine Regeln für sehr wichtig hielt. Es gibt 68 davon, und die allererste bezieht sich darauf, die Töne um uns herum besonders zu beachten. Wenn wir sie aus dem Gedächtnis lernen , werden wir sie besser verstehen und öfter daran denken. Außerdem werden wir den ernsten Gedanken eines wahrhaft guten und großen Mannes auswendig gelernt haben. Er sagt Folgendes:

„Die Ausbildung des Gehörs ist von größter Bedeutung. Bemühen Sie sich frühzeitig, jeden Ton und jede Tonart zu unterscheiden. Finden Sie den genauen Ton heraus, den die Glocke, das Glas und der Kuckuck erklingen lassen."

Darin liegt sicherlich ein guter Hinweis. Folgen wir ihm Tag für Tag, und wir werden sehen, wie viele Töne es um uns herum gibt, die wir kaum jemals wahrnehmen. Wir sollten häufig zuhören und herausfinden, wer von uns die größte Anzahl verschiedener Töne unterscheiden kann. Dann werden wir lernen, Klängen und Geräuschen aufmerksam zuzuhören. Nach und nach werden alle Klänge, besonders die schönen, eine neue und tiefere Bedeutung für uns bekommen; sie werden von einer bisher unerkannten Schönheit erfüllt sein, die uns lehren wird, Musik immer aufrichtiger zu lieben.

Um besser zu verstehen, wie Töne miteinander in Beziehung stehen, sollten wir früh lernen, die Dur-Tonleiter zu singen, damit sie sich leicht als Melodie auf- und abbewegen lässt. Wenn wir mit ihr immer vertrauter werden, müssen wir häufig an ihre einzelnen Töne denken, um zu spüren, wie jeder einzelne in der Tonleiter klingt, wie er in die Tonleiter passt und was er eigentlich aussagt. Nach einer Weile werden wir dann feststellen, dass wir die Tonleiter mit dem Innenohr hören können, das feiner und subtiler ist.[13]

Wir sollten Namen für die Tonleitertöne haben, wie die hübschen italienischen Silben, oder, wenn nicht, was auch immer unser Lehrer vorschlägt. Dann sollten wir eine Vorstellung davon haben, wie die Töne zueinander in Beziehung stehen. Wir sollten lernen, dass jeder Ton der Tonleiter durch die Tonika gefärbt ist. Jeder erhält durch die Tonika einen Charakter, der uns alles über ihn verrät, weil wir lernen, seine Beziehung zu seinem Hauptton zu hören. Mit etwas Geduld werden wir in Kürze in der Lage sein, die Tonleitertöne in jeder Reihenfolge zu hören, in der wir sie denken möchten. Diese Kraft wird für immer eine gute Hilfe sein – wir müssen sicher sein, dass wir sie in den ersten Tagen erhalten.

Immer wenn wir zwei Töne hören , sollten wir versuchen, sie auf dem Klavier zu finden. Dadurch werden wir aufmerksamer auf den Klang der Uhr, der Kirchenglocke, des Vogels und des Trinkglases hören. Und was gibt es davon, wie die quietschende Tür, die Grille, das Geräusch von Wind und Regen, das Geräusch des Motors und all die anderen Geräusche, die wir an einem Tag hören. Auf diese Weise wird unsere Vertrautheit mit den Tönen nach und nach wachsen und wir werden für all die Mühe reichlich belohnt. Allmählich werden wir bessere Zuhörer – aber über das Zuhören werden wir in unserem nächsten Vortrag sprechen. Dies kann jedoch jetzt gesagt werden: Achten wir immer darauf, zwei Tönen mit besonderer Sorgfalt zuzuhören, indem wir einen als Tonika oder ersten Ton der Dur-Tonleiter bezeichnen und herausfinden, welche Tonhöhe der andere hat oder in welcher Nähe er liegt. Dadurch werden wir mit der Tonleiter besser vertraut und wir werden lernen, dass die gesamte Musik, die wir haben, daraus entsteht.

Wir müssen auch Tönen zuhören, damit wir etwas über sie sagen können außer ihren Tonleiternamen. Wir müssen lernen, Töne zu beschreiben, zu sagen, ob sie hoch oder tief, süß oder rau, laut oder leise, lang oder kurz sind. Zum Beispiel kann ich durch das Fenster eine Kirchenglocke hören. Jemand läutet sie langsam, so dass die Töne lang sind. Der Ton ist nicht sehr hoch (es ist ein G über dem eingestrichenen C) und die Qualität ist voll und weich. Dies beschreibt den Kirchenglockenton recht gut, und in ähnlicher Weise können wir alle Geräusche beschreiben, die wir hören. Wir sollten es uns zur Gewohnheit machen, oft ganz still zu stehen oder zu sitzen und allem zuzuhören, was um uns herum geschieht. Sogar auf dem Land, wo alles so ruhig wie möglich scheint, werden wir über die große Zahl der Geräusche überrascht sein.

Ich befürchte, dass wir bei einigen anderen Tönen dazu neigen, nicht zuzuhören. Ich meine die Töne, die das Klavier macht, wenn wir Fingerübungen machen. Wir denken vielleicht an die Fingerbewegung, die nicht alles ist; oder wir denken an nichts, was sehr schlecht ist; Oder unsere Gedanken fangen an, sich während des Spielens andere Dinge vorzustellen, was das Schlimmste von allem ist, und nach und nach vergessen wir tatsächlich, was wir tun. Einer der schnellsten Wege, Geräusche nicht mehr richtig hören zu können, besteht darin, Klavier zu spielen, ohne genau darüber nachzudenken, was man gerade tut. Daher muss es eine Regel sein, niemals einen Ton zu spielen, ohne ihm aufmerksam zuzuhören. Wenn wir uns in den ersten Tagen dazu entschließen und ihm treu bleiben, werden wir die Klaviertasten immer vorsichtig, nachdenklich und ehrfurchtsvoll berühren.

An anderer Stelle werden wir einige bestimmte Tonstunden erhalten, um uns mit den Tönen um uns herum vertraut zu machen. Aber keine Regel ist wichtiger als diese: niemals gedankenlos Musik zu machen.

Durch Sorgfalt und Übung werden wir bald so geschickt, dass wir Töne mit der gleichen Leichtigkeit wahrnehmen, mit der wir Farben im Garten wahrnehmen. Der Sinn für Töne muss in uns so stark ausgeprägt sein wie der Sinn für Farben. Dann werden wir in der Lage sein, Unterschiede zwischen Tönen zu erkennen, die fast gleich sind, so leicht, wie wir jetzt beispielsweise zwei Gelbtöne unterscheiden können. Mit ein wenig Ausdauer werden uns die Schönheiten selbst gewöhnlicher Töne offenbart.

KAPITEL V.

HÖREN.

„Sie müssen zuhören, als wäre Zuhören Ihr Leben." – *Phillips Brooks.* [14]

In unserem letzten Vortrag haben wir gelernt, dass es durchaus möglich ist, dass Geräusche um uns herum sind und wir sie dennoch nicht hören. Manchmal, wie im Fall von Tyndalls Begleiter, liegt es daran, dass wir nicht dazu in der Lage sind; manchmal, wie wenn die Uhr schlägt und wir nichts hören, liegt es daran, dass wir mit anderen Dingen beschäftigt sind. Aus dieser letzteren Tatsache – mit anderen Dingen beschäftigt zu sein – können wir lernen, was Zuhören ist. Zuhören bedeutet nicht, mit anderen Dingen beschäftigt zu sein. Es bedeutet, vollkommen aufmerksam zu sein für das, was wir hören sollen.

Der Zustand, in dem wir mit anderen Gedanken beschäftigt sind, obwohl wir zuhören sollten, wird als Unaufmerksamkeit bezeichnet. Mit voller Aufmerksamkeit zuzuhören und dabei alle anderen Dinge völlig aus dem Kopf zu lassen, ist eine Form der Konzentration.

Unaufmerksamkeit ist ein Zerstörer. Es teilt unsere Macht auf zwei oder mehr Dinge auf, wenn sie auf eine einzelne Sache gerichtet sein sollte. Konzentration verleiht uns immer größere Geisteskraft. Wenn Sie im Wörterbuch nachsehen, was Konzentration bedeutet (Sie sollten mit dem Wörterbuch gut vertraut sein), werden Sie feststellen, dass es sich aus *con* [15] zusammensetzt, was „mit" bedeutet, und „ *centrum* ", ein Zentrum, „mit einem Zentrum" oder „zu einer Mitte kommen." Wenn Sie eine Lupe zwischen Ihre Hand und die Sonne halten, werden Sie feststellen, dass das Sonnenlicht in einer bestimmten Entfernung einen Kreis bildet. Indem Sie den Abstand vorsichtig ändern, können Sie den Kreis auf fast einen Punkt verkleinern – Sie sorgen dafür, dass das Licht *auf einen Mittelpunkt trifft* . Wenn der Lichtkreis groß ist, ist an der Hand kein besonderer Effekt zu erkennen. Wenn der Kreis jedoch so klein wie möglich ist, verspüren Sie ein Wärmegefühl, das, wenn es lange genug andauert, die Hand wirklich verbrennen wird. Dieser kleine Kreis ist das *konzentrierte Sonnenlicht* . Die Sonnenstrahlen werden nicht gestreut, sondern zentriert. Sie verbrennen die Hand, weil sie voller Macht sind – mächtig.

Als Beispiel: Die verschiedenen Strahlen stehen für Unaufmerksamkeit und der winzige Lichtkreis für Konzentration. Der erstere hat wenig oder keine Kraft; der letztere ist voller Kraft. Dies veranschaulicht sehr gut, was passiert, sowohl wenn unsere Gedanken über einen großen Bereich verstreut sind, als auch wenn sie in einem kleinen Kreis zusammengeführt – konzentriert –

werden. Das erste Zuhören, das unsere Aufmerksamkeit beanspruchen sollte, ist tatsächlich nicht das Tonhören, sondern das Zuhören dessen, was uns gesagt wird. Niemand lernt unter einem guten Lehrer jemals gut, der nicht aufmerksam und gehorsam ist. Und dann sind *Zuhören* und *Handeln* untrennbar miteinander verbunden. Tonhören macht uns selbstkritisch und aufmerksam, und Wissenschaftler versichern uns, dass es für uns später unmöglich ist, gute Beobachter zu werden, wenn wir nicht in jungen Jahren gute Beobachter werden.[16]

Im vorherigen Vortrag haben wir über das Hören aller Arten von Geräuschen gesprochen, insbesondere im Freien. In diesem Vortrag werden wir nur vom echten Musikhören sprechen. Sie wissen jetzt, dass Musik, die aus dem Herzen kommt, der Gedanke eines guten Mannes ist. Natürlich sollte man schönen Gedanken jeglicher Art nicht nur mit Aufmerksamkeit, sondern auch mit Ehrfurcht zuhören. Ehrfurcht ist der Tribut, den der nachdenkliche Zuhörer der Musik eines Mannes erweist, der sich in seinem Ton wunderbar ausgedrückt hat. Dies zeigt uns sofort, dass wir auf das hören sollten, was großartig ist, um Ideale zu erreichen. Wir hören, was wir erreichen wollen. Von dem Geiger Pierre Baillot wird erzählt , dass er im Alter von nur zehn Jahren das Spiel von Viotti hörte , und obwohl er es zwanzig Jahre lang nicht wieder hörte, blieb ihm die Aufführung immer als ein Ideal in Erinnerung, das es in seinem Leben zu verwirklichen galt studierte, und er arbeitete daran, es zu erreichen.

Die Schüler des großen Wiener Klavierlehrers Theodor Leschetizky sagen, er stelle keine Frage häufiger als „Können Sie nicht hören?" Es ist nicht nur schwierig, uns selbst zuzuhören, sondern Zuhören ist eine Sache und entschieden eine bessere Sache, während Hören eine andere und ebenso untergeordnete Sache ist. Und wenn wir darüber nachdenken, zeigt es uns, dass keine Selbstkritik möglich ist, bis wir alles andere vergessen und darauf hören, was wir tun, und konzentriert zuhören. Jetzt wird uns klar, dass niemand ein intelligenter Musiker wird, der nicht ein Gespür für Töne hat, zuhört und sich Gedanken über das Gehörte macht.

Wir können noch einmal die hervorragenden Regeln von Robert Schumann lesen:

„Singen Sie häufig im Refrain, insbesondere in den Mittelstimmen. Dadurch entwickeln Sie Ihre Musikalität."

Daraus lernen wir, mehr als nur die Melodie zu hören, manchmal nicht an die Melodie zu denken, sondern nur auf das zu hören, was sie begleitet. Wenn Sie in der Schule zwei- oder dreistimmig singen, bemerken Sie, wie man dazu neigt, immer den Sopran zu singen. Die Melodie zieht uns von einem anderen Teil weg, wenn wir uns nicht auf unseren Teil konzentrieren. Beachten Sie jedoch, wie schön musikalisch die tieferen Stimmen sind. Hören Sie ihnen aufmerksam zu, egal, welchen Teil Sie singen.

Es scheint, dass wir in der Musik lernen, in zwei Richtungen zuzuhören. Erstens, indem wir die Aufmerksamkeit lediglich darauf trainieren, markanten Klängen zu folgen und uns ihrer aller bewusst zu sein; später müssen wir dann nicht mehr so sehr an die markante Melodie denken, sondern bemühen uns, die begleitenden Teile zu hören. Dies sind die Melodien, die von der Hauptmelodie etwas verdeckt werden; auch nicht wirklich verborgen, denn sie sind deutlich genug, wenn wir zuhören. Sie lassen einen an Blumen denken, die im Gras und Laub versteckt sind. Sie sind nichtsdestotrotz schön, obwohl sie verborgen sind; denn das Sonnenlicht sucht sie und bringt sie zum Blühen.

Wir finden versteckte Melodien in jeder guten Musik, weil es das Wesen guter Musik ist, überall interessante und schöne melodische Gedanken zu haben. Es sind niemals bedeutungslose Töne erlaubt. Jeder Ton sagt etwas und wird gebraucht. Es ist merkwürdig, dass beim Spielen in dem Moment, in dem wir unsere Gedanken auf einen Ton oder eine Stimmpartie richten und den Wunsch haben, ihn zu hören, dieser sofort so deutlich zum Vorschein kommt, als wäre es die höchste Melodie. Das veranschaulicht die Macht des Denkens, das sich sogar auf eine verborgene Sache konzentriert. Sie wissen, wie sich bei Bach sogar die Klavierwerke bewegen, als ob alle Teile von Stimmen gesungen würden. Es erinnert an ein Gespräch; der Geschichte, der Frage und Antwort, des fröhlichen Plauschs in angenehmer Gesellschaft. Manche Satzteile sind stolpernd und voller Lachen,[17] andere ernst und majestätisch,[18] wieder andere haben eine wunderbare Würde des Herzens und des Geistes.[19]

Solche Eigenschaften verleihen der Musik in jedem Teil Interesse und Bedeutung. Sie werden schnell feststellen, dass es gerade das Fehlen dieser Eigenschaften ist, das andere Musik gewöhnlich macht.

Die Melodie wird nicht von etwas getragen, das besonders hörenswert wäre. Man könnte sagen, gute Musik sei wie das Laub des Gartens, jedes Blatt und Blütenblatt ist unterschiedlich, aber fein geformt und alles zusammen ergibt ein schönes Ganzes.

Wenn Sie gelernt haben, der Begleitung einer Melodie genau zu folgen, versuchen Sie, den einzelnen Stimmen im Refrain zu folgen, insbesondere dem Bass, Tenor und Alt. Und wenn Sie Orchesterkonzerte besuchen, lernen Sie früh, speziellen Instrumenten wie der Klarinette, der Oboe und der Trommel zu folgen.

Versuchen Sie besonders, den tiefen Saiten, der Bratsche, dem Cello und dem Bass zu folgen. Sie sind stark charakteristisch. Sie werden ihre besonderen

Eigenschaften nur kennenlernen, indem Sie ihnen besondere und konzentrierte Gedanken schenken. Sie werden jetzt sehen, dass scharfes und sorgfältiges Zuhören bestimmte Wege und Zwecke hat. Hier sind sie:

I. Zuhören kommt von der Konzentration.

II. Wenn man großartige Musik hört, muss man sowohl mit Ehrfurcht als auch mit Aufmerksamkeit musizieren.

III. Wir müssen auf Ideale achten.

IV. Wir müssen zuhören, um selbstkritisch zu sein.

V. Ständiges Hören echter Musik zeigt, dass nie ein Ton verwendet wird, der keine Bedeutung hat.

Und darüber hinaus müssen wir bedenken, dass unter denen, die uns zuhören, jemand sein könnte , der diese sorgfältige, konzentrierte Art und Weise gelernt hat. Dann werden wir immer daran denken, „wie in der Gegenwart eines Meisters zu spielen".[20]

KAPITEL VI.

IM TON DENKEN.

„Die Götter verkaufen uns alles Gute für die Arbeit." – *Epicharmus* .[21]

Vielleicht haben Sie Zweifel, was genau mit Musikdenken gemeint ist. Da Sie mit Komponisten und Musik einigermaßen vertraut sind, kommen Sie vielleicht auf den Gedanken, dass die gesamte Musik, die wir auf der Welt hören, von irgendjemandem gemacht worden sein muss – von vielen, um genau zu sein. Sie mussten sich hinsetzen und, alles andere vergessend, aufmerksam dem Musikgedanken lauschen, der den Geist erfüllt. Wenn Sie ruhig alleine sitzen, werden Sie feststellen, dass Sie problemlos Wörter und Sätze denken und sie wirklich im Kopf hören können, ohne etwas auszusprechen. Genauso sitzt der Komponist da und hört Musik Ton für Ton und so klar, als würde sie von einem Klavier oder einem Orchester gespielt. Und für ihn haben die Töne eine klare Bedeutung, so wie für uns Worte eine klare Bedeutung haben. Natürlich kann man sehen, dass es nicht anders gehen kann. Wenn der Komponist nicht alles genau durchdenken kann, könnte es keine Musik geben, denn Musik muss geschrieben werden, und man kann nur schreiben, was man denkt. An diesem Punkt sollten Sie sich folgende Gedanken merken: Musik muss im Kopf eines Menschen existieren, bevor andere sie hören und genießen können.

In ähnlicher Weise – genau auf dieselbe Weise – denkt der Maler Bilder, der Bildhauer Statuen und der Architekt Gebäude. Sie denken diese Dinge genauso, wie Sie Worte denken, und so wie Sie Ihre Gedanken in gesprochenen Worten ausdrücken, so drücken sie ihre Gedanken in gedruckter Musik, in gemalten Bildern, in gemeißelten Statuen und in errichteten Gebäuden aus. Aus all dem sollte Ihnen klar sein, dass es nichts geben kann, was nicht zuerst von jemandem gedacht wurde . Sie *denken* , die Tür muss geschlossen sein, und Sie schließen sie; Sie *denken*, Sie müssen die Uhrzeit kennen, und Sie sehen auf die Uhr; Sie *denken*, der eine Zeiger sollte lauter spielen als der andere, und Sie versuchen es.

Die Macht, Dinge zu bekommen und zu tun, erlangen wir nur im Märchen. In der echten, schönen, gesunden Welt, in der wir leben, müssen wir hart und ehrlich arbeiten, um die Macht zu bekommen oder zu tun. Durch treue Arbeit müssen wir das erreichen, was wir wollen. Was wir nicht erarbeiten, bekommen wir nicht. Das ist ein so einfacher Zustand, dass ihn ein Kind leicht verstehen kann. Aber alle, Kinder und ihre Älteren, neigen dazu, ihn zu vergessen. Im Leben jedes großen Mannes gibt es eine Geschichte, die sich von der jedes anderen großen Mannes unterscheidet, *aber in jedem von ihnen* findet sich diese Wahrheit über das Arbeiten für die Macht, die man hat.

In unserem Vortrag über das Zuhören wurde gesagt, dass die Geräusche, die wir um uns herum hören, leichter zu verstehen sind, wenn wir uns zunächst mit der Melodie vertraut machen, die als Dur-Tonleiter bezeichnet wird. Aber um Musik zu denken, ist es notwendig, sie zu kennen – tatsächlich ist musikalisches Denken ohne sie unmöglich. Da es kein Problem ist, die Tonleiter zu lernen, sollten Sie alle sie sich schnell und sicher einprägen.

Jetzt ist es Ihnen möglich, die Tonleiter zu hören, ohne ihre Töne laut zu singen. Hören Sie zu und sehen Sie, ob das nicht so ist! Denken Sie jetzt an die Melodien, die Sie kennen, die Lieder, die Sie singen, die Stücke, die Sie spielen. Sie können sie ganz laut singen (*können* Sie sie singen?) oder in mittlerer Tonlage, oder Sie können sie leise summen, als ob Sie sie für sich selbst hören würden; oder noch weiter, Sie können sie denken, ohne den leisesten Ton zu machen, und jeder Ton wird so deutlich sein, als ob Sie ihn am lautesten gesungen hätten. Hier kann ich Ihnen sagen, dass Beethoven viele seiner größten Werke schrieb, als er so taub war, dass er die Musik, die er machte, nicht hören konnte. Daher muss er in der Lage gewesen sein, sie aus seinen Gedanken heraus so zu schreiben, wie er wollte, dass sie klingt. Wenn Sie diese Schritte und Wege verstehen, werden Sie etwas über den Beginn des musikalischen Denkens wissen.

Lassen Sie uns in diesem Vortrag untersuchen, was das Klavier mit unserem musikalischen Denken zu tun hat. Welche Beziehung besteht zwischen der Musik in unserem Kopf und den Tönen, die das Klavier erzeugt? Es scheint wirklich so, als wäre das Klavier eine fotografische Kamera, die für uns ein Bild von dem macht , was wir geschrieben haben – eine Kamera, die so subtil ist, dass sie nicht Dinge abbildet, die wir sehen und berühren können, sondern unsichtbare Dinge, die nur in uns existieren. Aber so treu das Klavier in dieser Hinsicht auch ist, es kann uns großen Schaden zufügen. Wir könnten uns daran gewöhnen, darauf zu vertrauen, dass das Klavier für uns denkt, es sogar dazu zu bringen, dies zu tun. Anstatt die Seiten unserer neuen Musik sorgfältig durchzusehen, sie mit dem Verstand zu lesen und zu verstehen, rennen wir zum Klavier, setzen uns mit unserer Spielfertigkeit hin und benutzen unsere Hände statt unseres Verstandes. Nun tun das sehr viele, jung und alt. Aber die einzigen Menschen, die eine Chance haben, ihre Musik richtig zu begreifen, sind die Jungen; die Alten können es nie, wenn sie es nicht bereits gelernt haben. Das ist ein Gesetz, das nicht geändert werden kann.

Wir haben so viel über das Zuhören gesprochen, dass es jetzt eine feste Gewohnheit in uns sein sollte. Wenn das der Fall ist, lernen wir jeden Tag ein wenig über Töne, ihre Qualitäten und ihren Charakter. Und das tun wir nicht nur, indem wir die Töne hören, sondern indem wir ihnen große Aufmerksamkeit schenken. Denken wir jetzt daran: Zuhören ist keine Sache der Ohren, sondern der Gedanken. Es ist Denken, das sich auf das Hören *konzentriert* . Je mehr diese Gewohnheit des Tonhörens in uns fortschreitet, desto mehr Kraft werden wir aus unserer Fähigkeit, Noten zu lesen, ziehen. All diese Dinge helfen sich gegenseitig. Wir werden bald entdecken, dass wir nicht nur über klingende Töne nachdenken, sondern auch über gedruckte Töne. Dies geschieht umso mehr, je mehr unsere Kenntnisse der Tonleiter zunehmen.

Jetzt können wir eine der größten und wunderbarsten Wahrheiten der Wissenschaft lernen: *Großes Wissen über alles erlangt man, wenn man nie aufhört, die ersten Schritte zu studieren.*

Die Dur-Tonleiter scheint, wenn wir sie zum ersten Mal lernen, eine vollkommen einfache Sache zu sein. Aber wenn wir unser ganzes Leben lang darüber nachdenken , werden wir nie die Wunder entdecken, die in ihr stecken. Daher gibt es drei einfache Regeln, die wir befolgen sollten, wenn wir lernen, Musik zu denken:

1. Alle Töne anhören.

2. Hören Sie nie auf, die Dur-Tonleiter zu studieren.

3. Sich daran gewöhnen, Töne im Inneren zu hören.

Wenn wir diesen Prinzipien treu bleiben, werden wir mit zunehmendem Lernen und Fleiß immer unabhängiger vom Klavier. Wir werden nie wieder mit unseren Händen denken und uns für die Bedeutung gedruckter Tongedanken nicht mehr auf etwas außerhalb von uns selbst verlassen.

Wenn wir nun zwei Dinge verbinden , erhalten wir die Kraft der beiden vereinten Dinge, die größer ist als die jedes einzelnen davon.

Wenn wir in unseren Spielstunden nur die reinste Musik hören (Herzensmusik, denken Sie daran) und wenn wir in unseren einfacheren Denkstunden treu sind, werden wir nicht nur die Kraft des reinen Denkens erlangen, sondern auch die Kraft des immer stärkeren Denkens. Das kommt davon, wenn wir täglich in der Gegenwart großer Gedanken sind – denn wir sind in der Gegenwart großer Gedanken, wenn wir große Musik studieren, ein großes Gedicht lesen oder ein großes Bild oder ein großes Gebäude betrachten. All diese Dinge sind nur Zeichen, die sich offenbaren – das heißt, die uns deutlich gemacht werden – des reinen Denkens ihrer Schöpfer.

Thomas Carlyle, ein schottischer Autor unseres Jahrhunderts, sprach die Wahrheit, als er sagte:

„Große Männer sind eine gewinnbringende Gesellschaft. Wir können keinen großen Mann betrachten, ohne etwas durch ihn zu gewinnen."[22]

KAPITEL VII.

WAS WIR SEHEN UND HÖREN.

„Sie müssen die Berge über sich spüren, während Sie an Ihrem kleinen Garten arbeiten." – *Phillips Brooks*. [23]

Woanders werden wir konkrete Lektionen im musikalischen Denken erhalten. Dann widmen wir diesen Vortrag der Frage, was uns die Dinge, die wir sehen und hören, vermitteln.

Einst schrieb ein Junge kleine Lieder auf. Als die Leute ihn fragten, wie er das machen könne, antwortete er, er mache seine Lieder aus Gedanken, die den meisten anderen entgleiten. Wir haben bereits über Gedanken gesprochen und darüber, wie man sie ausdrücken lernt. Wenn ein Mensch mit reinen Gedanken diese nur speichert und fähig wird, sie richtig auszudrücken, kann er zu gegebener Zeit kleine Lieder oder viele andere Dinge machen; denn alle Dinge sind aus Gedanken gemacht. Das Gedicht ist gespeicherter Gedanke, ausgedrückt in Worten; die große Kathedrale wie die in Winchester in England oder die in der Nähe des Rheins in Köln in Deutschland ist gespeicherter Gedanke, ausgedrückt in Stein. So ist es mit dem Bild und der Statue: Sie sind gespeicherte Gedanken auf Leinwand und in Marmor.[24] Kurz gesagt, wir lernen durch das Betrachten großer Dinge, was die kleinen sind; und wir wissen aus Gedichten und Gebäuden und dergleichen, dass diese und sogar gewöhnlichere Dinge wie ein gepflegter Garten, ein aufgeräumtes Zimmer, eine sorgfältig gelernte Lektion, sogar ein Lächeln auf dem Gesicht jedes einzelne von ihnen aus gespeicherten Gedanken resultieren.

Wir können DINGE folglich definieren, indem wir sagen, sie sind das, was Gedanken sind. Dinge bestehen aus Gedanken. Auch wenn Sie dies jetzt noch nicht völlig verstehen können, behalten Sie es bei sich, und mit zunehmendem Alter wird seine Wahrheit immer klarer. Es wird leuchtend sein. Leuchtend ist genau das richtige Wort, denn es kommt von einem Wort in einer anderen Sprache und bedeutet *Licht* . Je besser Sie die Dinge verstehen, desto mehr *Licht* haben Sie über sie. Und daraus können Sie verstehen, wie gut Unwissenheit mit Dunkelheit verglichen wurde. Daher können wir, wie in einem früheren Vortrag gesagt wurde, aus dem Gedicht, dem Gebäude, dem Gemälde, der Statue und aus alltäglichen Dingen lernen, dass Musik gespeicherte Gedanken sind, die in schönen Tönen wiedergegeben werden.

Nun wollen wir dem wertvollen Teil von all dem Beachtung schenken. Wenn Gedichte, Statuen und alle anderen schönen Dinge aus gespeicherten Gedanken gemacht sind (und das ist bei gewöhnlichen Dingen auch der Fall), sollten wir durch Studium der Dinge in der Lage sein, zu sagen, was für ein Mensch es war, der sie sich ausgedacht hat; oder, mit anderen Worten, wer sie gemacht hat. Das ist wahr, das können wir. Wir können alle Gedanken der Person erkennen, soweit es ihre Kunst und ihr Hauptwerk betrifft. Fast ihr ganzes Leben spiegelt sich in den Werken wider, die sie schafft. Wir können die Natur des Menschen erkennen, wie viel er studiert hat, aber am besten können wir erkennen, was er meint. Das Gesicht erzählt jemandem, der zu schauen weiß, seine gesamte Vergangenheit.[25] Seine Absichten sind in dem, was er tut, überall so deutlich wie nur möglich.

also , dass in der Arbeit eines Menschen mehr steckt, als wir auf den ersten Blick sehen. Sie enthält Spiegelbilder, die so deutlich sind wie die in einem Bergsee. Und wie der Bergsee nur das widerspiegelt, was *über* ihm liegt, so spiegelt die Arbeit des Musikers, des Künstlers, ja eigentlich jedermanns, jene Gedanken wider, die immer über allen anderen schweben. Gedanken des Guten, Gedanken des Bösen, Gedanken der Großzügigkeit, Gedanken der selbstsüchtigen Eitelkeit, diese *und alle anderen Gedanken* spiegeln sich so stark in unserer Arbeit wider, dass sie oft deutlicher zu erkennen sind als die Arbeit selbst. Und wenn wir die Werke eines großen Künstlers vor uns haben, können wir nicht nur herausfinden, was er getan und was er gewusst hat, sondern auch, was er gefühlt hat *und sogar, was er nicht sagen wollte* .

Wir wissen jetzt, was Musikdenken ist. Wir sehen auch, warum der junge Musiker lernen muss, Musik zu denken. Wirklich, er ist kein Musiker, solange er nicht im richtigen Ton denken kann. Und darüber hinaus: Wenn wir ein gewisses Verständnis für das musikalische Denken haben, denken wir nicht nur darüber nach, was wir spielen und hören, sondern beginnen auch zu hinterfragen, welche Geschichte es erzählt und welche Bedeutung es vermitteln soll. Wir beginnen, in der Musik nach den Gedanken und Absichten des Komponisten zu suchen, und nach und nach, noch bevor wir es wissen, beginnen wir herauszufinden, welche Art von Geist und Herz der Komponist hatte. Wir beginnen, seinen Charakter anhand der Werke, die er uns hinterlassen hat, wirklich zu studieren.

Wir haben nun den ersten wirklich intelligenten Schritt getan, um selbst etwas über gängige und klassische Musik zu erfahren. Später, wenn unsere Fähigkeiten zunehmen, wird dies für uns von großem Wert sein. Nach und nach erkennen wir, was der Autor beabsichtigt hat. Das ist der eigentliche Test für alles. Wir wollen in der Musik keinen bloßen Jingle finden, wir wollen Musik, die etwas sagt. Sogar ein sehr kleines Kind weiß, dass „ achtzig “. menty meiny „ moe “ ist nicht wirklich sinnvoll, obwohl es sich um eine angenehme Lautfolge in einem Spiel handelt.

So lernen wir, in das zu schauen, was wir hören und was wir sehen, und versuchen herauszufinden, wie viel Gedanke darin steckt und um welche Art von Gedanken es sich handelt. Wir wollen wissen, ob Güte zum Ausdruck kommt; wenn das beste Werk des Mannes vor uns liegt oder wenn aus einem niedrigeren Grund sein Egoismus und seine Eitelkeit im Vordergrund stehen. Und erinnern wir uns daran, dass, wenn wir diese Dinge in den Werken anderer suchen, andere von nachdenklicher Art jedes Mal, wenn wir uns äußern, unser Tun, unser Spielen, unsere Sprache, unsere kleinen Gewohnheiten und alles andere beobachten werden, um zu sehen, was unsere Absichten sind. Sie werden darauf achten, welche Gedanken wir in unsere Taten einfließen lassen, seien es Gedanken des Guten oder des Egoismus. Und unsere Taten werden immer genauso gut sein wie die Gedanken, die wir in sie stecken.

Nun ist es ein großer und häufiger Fehler, dass wir manchmal durch irgendeine geheimnisvolle Veränderung, wie in einem Märchen, hoffen, dass sie besser sein werden als das, was wir beabsichtigen. Aber lassen Sie uns in den ersten Tagen lernen, dass dies nicht möglich ist.

KAPITEL VIII.

DIE KLASSIKER.[26]

„Echte Arbeit, die gewissenhaft geleistet wird, ist ewig." – *Thomas Carlyle.*

Je älter wir werden und je mehr wir studieren, desto mehr werden wir über die Klassiker hören, über klassische Musik, klassische Kunst und klassische Bücher. Denken wir von Anfang an daran, dass es eine unserer Pflichten ist, den Unterschied zwischen dem, was klassisch ist und dem, was es nicht ist, herauszufinden. Dann werden wir ein richtiges Verständnis haben. Ein englischer Kunstschriftsteller sagt: „Die Schriftsteller und Maler der klassischen Schule haben nichts niedergeschrieben, außer das, was als wahr bekannt ist, und sie haben es auf die für sie perfekteste Weise niedergeschrieben."[27]

Und wir haben bereits gelernt, dass Gedanken aus dem Herzen, ausgedrückt in Tönen, gute Musik sind. Andererseits erzeugt ein Gedanke, dem das Herz fehlt und der im Ton ausgedrückt wird, schlechte oder gewöhnliche Musik. Mendelssohn schrieb in einem seiner Briefe: „Wenn ich ein Stück so komponiert habe, wie es mir aus dem Herzen entspringt, dann habe ich meine Pflicht ihm gegenüber erfüllt."[28] Aber im Schreiben von Gedanken, sei es in Worten oder in Tönen, gibt es sie eine sehr wichtige Sache, die man dem Gebot des Herzens hinzufügen kann. Es ist die Schulung des Geistes. Mit beidem arbeitet und urteilt man klug.

Mit noch so reinen Gedanken und Absichten, aber ohne Bildung wäre man nicht in der Lage, für andere zu schreiben, und mit ein wenig Bildung wäre man nur teilweise in der Lage, richtig zu schreiben. Dies bringt uns zu einem der interessantesten Gespräche, die wir führen werden. Versuchen wir es klar und einfach zu formulieren.

Wir können uns leicht einen Mann vorstellen, der sowohl ehrlich als auch gut ist, aber weder schreiben noch buchstabieren kann. Glücklicherweise können heutzutage fast alle Menschen, die alt genug sind, beides. Wir können verstehen, dass dieser Mann vielleicht schöne Gedanken hat – die Gedanken eines wahren Dichters oder eines wahren Künstlers –, aber da er weder schreiben noch buchstabieren kann, kann er seine Gedanken nicht zu Papier bringen, damit andere sie lesen und studieren können. Auf diese Weise werden Gedanken bewahrt und in Bücher umgewandelt, damit die Menschen davon profitieren können.

Daher müsste dieser Mann, von dem wir sprechen, die Hilfe von jemandem in Anspruch nehmen , der weiß, wie man Gedanken niederschreibt und buchstabiert. Dann müssten sie gemeinsam über die Gedanken sprechen, die richtigen Worte wählen, die Sätze bilden und alles richtig zusammenfügen, wie es ein Schriftsteller tun muss, der Klarheit schaffen möchte. Aber es ist mehr als wahrscheinlich, dass derjenige, der schreibt, all diese Dinge nicht zur Zufriedenheit des anderen tun würde. Das könnte nur ein Ergebnis haben. Die Person, die die schönen Gedanken hatte, würde sich immer wünschen, sie hätte in den ersten Tagen das Schreiben und Buchstabieren gelernt. Dann könnte sie all diese Dinge selbst tun und anderen ihre Gedanken genau so zeigen, wie sie erscheinen sollen.

Nun ist es klar, dass einige vielleicht schöne und wertvolle Gedanken haben und nicht wissen, wie man sie aufschreibt, während andere vielleicht schreiben können, ohne Gedanken zu haben, die es wert sind, bewahrt zu werden. Was man offensichtlich haben muss, sind sowohl schöne Gedanken als auch die Fähigkeit, sie aufzuschreiben.

Dachten Sie, als ich Ihnen diesen Teil des Briefes von Mendelssohn vorlas, dass ein Komponist nur in seinem Herzen finden muss, was er sagen möchte? Wie wir bereits festgestellt haben, reicht das nicht aus. Um Ihnen zu zeigen, dass Mendelssohn keine Angst vor harter Arbeit hatte, lesen wir ein wenig aus einem anderen seiner Briefe.[29] Mendelssohn hatte sich vorgenommen, in Deutschland zu arbeiten und seinen Lebensunterhalt zu verdienen. „Wenn ich feststelle, dass ich das nicht kann, muss ich es nach London oder Paris aufgeben, wo es einfacher ist, weiterzukommen. Ich sehe in der Tat ein, wo ich geehrter sein und fröhlicher und entspannter leben sollte als in Deutschland , wo ein Mann voranschreiten und arbeiten muss und sich keine Ruhe gönnen muss – dennoch, wenn ich dort Erfolg haben kann, *bevorzuge ich* Letzteres."[30]

Wir können jetzt verstehen, dass es bei Wortdenkern und Tondenkern ganz dasselbe ist. Gute Gedanken und die richtige Niederschrift machen sie zu Klassikern.

Aus diesem Gedanken ergibt sich ein anderer. Er lautet: Große Gedanken, gut ausgedrückt, aus einem großen Herzen, schaffen die Werke, die am längsten Bestand haben; und noch mehr, denn eine Wahrheit führt aus einer anderen. Nur diejenigen können die Klassiker schätzen, die etwas Klassisches in sich tragen. Sie müssen ein Herz haben, das wahrhaftig in seinem Gefühl und zart in seinen Empfindungen ist. Sogar ein Kind kann das haben. Sie müssen einen Geist haben, der in der wahrsten und besten Art geschult ist, Gedanken auszudrücken. Und ein Kind kann anfangen, das zu lernen. Daraus sehen wir, dass ein Kind klassikerwürdig sein kann. Nur dürfen wir nie, *nie* , egal wie groß unsere Fähigkeiten sind, denken, dass wir besser oder anderen überlegen sind. Je mehr Talente jemand hat, desto mehr wird von ihm erwartet und desto größer ist seine Pflicht.[31]

Bisher haben wir drei Wahrheiten, nun kommt eine vierte: Manche lieben die Klassiker früher und mehr als andere, weil sie mehr Macht haben. Und wie bekommen sie diese? Sie denken mehr (Gedankenbildung); sie fühlen mehr (Herzenslernen); und sie sehen mehr (Wahrheitssuche).

Lassen Sie uns sofort zurückgehen und diese vier Wahrheiten zusammentragen. Sie sind wichtig. Vielleicht können einige von uns, die bereit sind, die Zeit zu investieren, sie aus dem Gedächtnis lernen.

Und als Belohnung für die Mühe, die wir uns machen, werden wir immer mehr Verständnis für viele Dinge entwickeln. Hier sind sie:

I. Gute Gedanken und ihre richtige Formulierung machen Klassiker aus.

II. Große Gedanken, gut ausgedrückt und aus großem Herzen, schaffen die Werke, die am längsten überdauern.

III. Nur diejenigen können die Klassiker wertschätzen, die etwas Klassisches in sich tragen.

IV. Manche lieben die Klassiker schneller und lieber als andere, weil sie mehr Power haben.

Was sollen uns diese Wahrheiten lehren? Dass wahre Musik nicht schnell erlernt werden kann; dass der Weg der Kunst lang und schwierig ist. Aber auch wenn der Weg lang ist, ist er doch in jeder Wendung schön; und wenn er schwierig ist, lohnt es sich dennoch, für das, was kommt, zu kämpfen. Wenn Sie die Lebensläufe der großen Komponisten lesen, werden Sie erfahren, dass sie ihre Aufgaben gerne angingen und jede gut erledigten. Das tun alle großen Männer. *Große Männer machen kleine Schritte mit Bedacht* , egal wie schnell sie gehen können.

Einer von ihnen [32] schrieb: „Erfolg kommt in kleinen Schritten." Und es kommt völlig ungewollt. Darüber hinaus müssen wir uns daran erinnern, dass die Kraft für diese Dinge von uns kommt

I. Gedanken machen;

II. Herzlernen;

III. Auf der Suche nach der Wahrheit.

Lassen Sie uns nun zum Schluss noch ein paar Worte aus einem Buch vorlesen, von dem ich hoffe, dass wir es alle eines Tages lesen werden: [33] „Große Kunst ist der Ausdruck des Geistes eines großen Mannes und mittlere Kunst eines schwachen Mannes." Denken wir daran, wenn wir die Dinge zum Spielen auswählen.

Weiter sagt Ruskin: „Wenn ein Steinwerk *gut* zusammengesetzt ist, bedeutet das, dass ein nachdenklicher Mann es geplant hat, ein sorgfältiger Mann es geschnitten hat und ein ehrlicher Mann es zementiert hat." [34]

Auch in diesen Dingen kann man das Klassische erkennen: Arbeit, die von Herzen kommt und gut gemacht ist, und das kommt von einer nachdenklichen, sorgfältigen und ehrlichen Person.

KAPITEL IX.

WAS WIR SPIELEN SOLLTEN.

„Aber Segen fällt nicht in lustlose Hände." –*Bayard Taylor.*

Wir beginnen bereits zu verstehen, was die Klassiker sind. Je mehr wir uns für das Schöne interessieren, desto genauer werden wir von Jahr zu Jahr über die klassische Kunst Bescheid wissen. Das Klassische beginnt sich in uns anzukündigen. Unsere eigene Wahl spiegelt unseren Geschmack wider, zeigt jedoch nicht immer an, was für uns am besten ist. Und einer der Zwecke der Kunst besteht darin, den Geschmack zu verbessern, indem sie uns die schönsten Werke vor Augen führt; In ihnen entdecken wir durch Studium Schönheit, mit der wir nicht vertraut sind. Damit erweitern wir unsere Kapazität dafür.

Da wir mit einem ungeformten und ungeschulten Geschmack geboren werden, ist der Grund für die schrittweise Steigerung der Aufgaben sofort ersichtlich. Sie sind immer etwas schwieriger – wie das Besteigen eines Berges –, aber sie bieten eine immer schönere Aussicht. Die Aussicht vom Berggipfel aus kann man nicht auf einmal genießen. Dafür müssen wir uns nach oben arbeiten. Daher werden Sie im Unterricht feststellen, dass eine ehemals passende Aufgabe aufgrund Ihrer gesteigerten Leistungsfähigkeit nicht mehr ganz den gleichen Wert hat. Aber speziell darüber werden wir später noch sprechen.

Wenn man viel Musik aller Art gehört hat, beginnt man schnell zu verstehen, dass es zwei Arten gibt, die üblicherweise gewählt werden. Einige Spieler wählen echte Musik mit reinem Gedankengut und tun ihr Bestes, sie so zu spielen, wie es der Komponist verlangt. Ihr Ziel ist es, der Musik eines guten Komponisten einen wahrheitsgetreuen Ausdruck zu verleihen. Andere Spieler scheinen aus einem völlig anderen Motiv heraus zu arbeiten. Sie wählen Musik, die einen auffälligen Charakter hat, mit viel Brillanz und wenig Gedankengut. Ihr Ziel ist nicht zu zeigen, was gute Musik ist, sondern sich selbst zu zeigen. Das Verlangen der ersten ist Wahrheit, das der zweiten Eitelkeit.

Wenn wir uns nun damit und mit beiden Arten von Musik befassen, entdecken wir viel. Es beweist, dass wir für das Beste arbeiten müssen; für die wahrhaftige Musik, nicht für die eitle Musik. Je besser wir uns mit echter Musik vertraut machen, desto interessanter finden wir sie – sie sagt uns immer wieder neue Dinge. Wir gehen immer wieder darauf ein und bekommen neue Bedeutungen. Aber die auffällige Musik gibt bald alles preis, was sie hat; wir finden darin wenig oder nichts mehr als auf den ersten Blick. Da es nicht aus guten Gedanken, sondern zur Zurschaustellung gemacht wurde, können wir darin keine neueren und schöneren Gedanken finden, und die Zurschaustellung wird bald ermüdend. Wahre Musik ist wie das Licht in einem wunderschön geschliffenen Edelstein. Es scheint, dass wir nie alles sehen, was sie ist – sie ist nie zweimal gleich; immer wieder erstrahlt es in neuem Glanz, denn es ist durch und durch ein wahres Juwel. Es ist voller wahrem Licht, und wahres Licht steht immer im Gegensatz zur Dunkelheit; und Dunkelheit ist die Quelle der Unwissenheit.

Aus all dem können Sie nun die wunderliche Meinung eines sehr weisen Mannes verstehen, der sagte: „Gib in Erfüllung deines Amtes das beste Beispiel vor dir.“[35] Das bedeutet, dass alles, was wir lernen wollen, daraus gelernt werden sollte Werke der besten Art. Am Anfang können wir nicht mit Bedacht die besten Beispiele auswählen, die wir uns selbst vorlegen; Deshalb ist es an uns, zu beherzigen, was ein anderer weiser Mann sagte: „Was die Wahl beim Studium der Stücke betrifft, fragen Sie den Rat erfahrenerer Personen als Sie selbst; dadurch werden Sie viel Zeit sparen.“ [36] Dadurch sparen Sie gleich doppelt Zeit. Später in Ihrem Leben müssen Sie keinen schlechten Geschmack mehr überwinden – das ist eine Ersparnis; und viele Klassiker kennt man schon aus der Kindheit, und das ist eine weitere Ersparnis. Was wir in der Kindheit lernen, ist eine Kraft für unser ganzes Leben.

Sie können jetzt deutlich sehen, dass sowohl bei der Auswahl der Stücke als auch bei der Art, wie sie gespielt werden, der Charakter einer Person zum Vorschein kommt. Wir haben im letzten Vortrag gesehen, wie der Charakter beim Schreiben zum Vorschein kommen muss. Nur ein ganz gewöhnlicher Charakter würde Stücke auswählen, die ausschließlich für eine eitle Show geschrieben wurden – mit schnellen Läufen, glitzernden Arpeggios und lauten, bedeutungslosen Akkorden. Schlimmer noch, eine solche Auswahl von Stücken zeigt zwei gewöhnliche Menschen – eigentlich drei: einen Komponisten, der keine reinen Gedanken aus dem Herzen geschrieben hat; einen Lehrer, der dem Herzen des Schülers keine guten Gedanken eingeflößt hat ; und Sie selbst (wenn Ihnen solche Dinge wirklich wichtig sind), die aus dem eitlen Wunsch spielen, als brillant zu gelten.

Ein Spieler, der seinen Geist und seine Hände nur dem widmet, was ein bedeutungsloser Komponist für ihn schreibt, ist keiner Macht würdig. Mit unseren Händen in der Musik, wie mit der Zunge in der Sprache, lasst uns von Anfang an danach streben, wahrhaftig zu sein. Versuchen wir auf beide Arten, die höchste Wahrheit auszudrücken, die wir uns vorstellen können. Dann werden wir in der Kunst zumindest dem wahren Künstler nahekommen; und im Leben werden wir dem wahren Leben nahe kommen. Jedes bloße leere Ausstellungsstück, das wir studieren, nimmt die Zeit und die Gelegenheit in Anspruch, in der wir eine gute Komposition von einem Meister des Herzens lernen könnten. Und nur mit solcher Musik wirst du im

Laufe deines Lebens in die Herzen derer eindringen, die es am meisten wert sind, dass du sie kennenlernst. Aus genau diesem Gedanken hat Schumann nun zwei für uns sehr leicht verständliche Regeln abgeleitet:

„Helfen Sie niemals mit, schlechte Aufsätze in Umlauf zu bringen; im Gegenteil, helfen Sie, sie mit aller Ernsthaftigkeit zu unterdrücken."

„Man sollte weder schlechte Kompositionen spielen, noch sie anhören, es sei denn, man wird dazu gezwungen."

Wir kommen jetzt zu einer wirklich eindeutigen Schlussfolgerung hinsichtlich der Kompositionen, die wir spielen sollten, und in gewissem Maße auch, wie wir sie spielen sollten.

Das Herz, der Verstand und die Hände oder die Stimme, wenn Sie singen, sollten sich in unserer Musik vereinen und dem Schönen geweiht sein. Weihen ist genau das richtige Wort. Schlagen Sie in Ihrem Wörterbuch danach.[37] Es kommt von zwei anderen Wörtern, nicht wahr? *Con* bedeutet *mit* und *sacer* bedeutet *Heiligkeit*. Widme also Herz, Kopf und Hände *mit Heiligkeit* dem Schönen. Das ist ganz klar, da bin ich sicher.

Es lohnt sich auch, es zu tun. „Mit Heiligkeit" beschreibt, *wie* man spielt und *was man wirklich* spielt. Eine Komposition, die von einem wahren Menschen geboren wurde, ist in Gedanken bereits geweiht. Er hat sie gehört und in sich selbst gespürt. Täglich müssen Sie diesen Botschaften und Bedeutungen näher und näher kommen. Und sind sie für Sie nicht bereits leuchtender ? Und erinnern Sie sich, was wir sagten, leuchtend bedeutet?

KAPITEL X.

DER UNTERRICHT.

„Alle Menschen schätzen das am meisten, was sie viel Arbeit gekostet hat.“
– Aristoteles[38]

Es ist wahr, dass Musik schön ist und uns Glück und Trost spendet. Aber trotzdem ist Musik *für jeden schwer zu lernen* ; für manche schwerer als für andere, aber schwer für alle. Und es ist gut und gut, dass es so ist. Wir schätzen das am meisten, woran wir ernsthaft arbeiten. Stellen Sie sich vor, jeder könnte singen oder spielen, indem er es sich nur wünscht! Dann wäre Musik so weit verbreitet und so sehr das Talent aller, dass sie uns keine Freude mehr bereiten würde. Warum? Weil man sie durch einen Wunsch erlangt hat. Das ist nicht genug. Können wir daraus lernen, das große Geheimnis hinter all dem zu verstehen? Ich denke, das können wir. Lassen Sie uns sehen! Das Geheimnis ist folgendes: Musik ist eine Freude, weil sie uns aus uns selbst herausholt und wir hart dafür arbeiten. Musik lehrt uns, welche wunderbare Kraft in uns steckt, wenn wir nur danach streben, sie hervorzubringen. Bildung ist aus demselben Grund gut für uns. Je mehr Sie über Wörter lernen, desto mehr werden Sie in diesem Wort Bildung erkennen.

Es bedeutet, das herauszuführen , *was in uns ist* . Musik aus dem Herzen herauszuführen wird dann zum Ziel Ihres Unterrichts. Man kann einem keine Musik einflößen; es muss herausgeführt werden.

Wo sollen wir nach Musik suchen, damit sie herausgeführt werden kann? Nur im Herzen. Dort steckt alles in jedem von uns. Aber oft gibt es in unseren Herzen so viel anderes, so viel Eitelkeit, Selbstliebe, Einbildung, Liebe zu anderen Dingen, dass die Musik fast unerreichbar ist. *Fast* , aber nie ganz. Im Herzen eines jeden Menschen liegt die Musik. Aber oft ist es tief, tief im Inneren, bedeckt von diesen anderen Dingen. Je älter wir werden und je mehr andere Dinge wir sehen und über die wir nachdenken, desto tiefer und tiefer wird die Musik.

Es ist, als würde man Steine und Erde aufhäufen und an einer sprudelnden Quelle kleben bleiben. Die Quelle ist dort unten, sprudelt frei unter all dem und strebt immer noch danach, so frei und so singend zu sein wie zuvor; aber es kann nicht. Menschen mögen kommen und gehen, vielleicht an ihm vorbeigehen und nicht einen seiner Töne hören; Sie werden vielleicht nie ahnen, dass es so etwas gibt, das bereit ist, fröhlich weiterzumachen, wenn es könnte.

Wann ist der beste Zeitpunkt, Wasser aus der Quelle und Musik aus dem Herzen zu leiten? Bevor andere Dinge anfangen, es zu verdecken. Mit Musik ist die beste Zeit in den frühen Tagen, in der Kindheit – *in den ersten Tagen* . Wir werden diese Worte noch oft hören. Dann gewinnt der sprudelnde Quell der Melodie nach und nach seine Eigenständigkeit; Dann können sie die Musik nicht außer Sichtweite verdrängen, selbst wenn andere Dinge hinzukommen. Die Quelle wurde hervorgebracht *und ist stärker geworden* .

Nachdenkliche Menschen, die beim Lernen gelitten haben – alle Menschen leiden beim Lernen, nachdenkliche am meisten – fragen sich, wie sie die Aufgabe für andere weniger schmerzhaft machen können. Lernen wird uns immer Kummer und Freude bereiten, und viele Menschen verbringen ihr Leben damit, so wenig Kummer wie möglich mit dem Lernen junger Menschen zu erleben. Wenn solche Menschen wahrhaftig und gut und rücksichtsvoll sind und *über unendliche Güte verfügen* , sind sie Lehrer; und die Lehrer stellen uns Aufgaben vielleicht streng, aber mit freundlicher Strenge. Sie studieren uns und die Musik und sie suchen nach der Arbeit, die jeder von uns leisten muss, damit wir die Herzensquellen rein und offen halten können. Darüber hinaus finden sie den Weg, auf dem wir die Wasser des Lebens leiten, die aus den Herzensquellen fließen. Sie finden den Weg, wohin sie am besten fließen sollen.

Wenn wir diese Dinge tun, empfinden wir die Lektionen oft als hart und ermüdend, unendlich schwer zu ertragen, schwierig und nicht attraktiv. Wir fragen uns, warum das alles so sein sollte, und in dem Moment, in dem wir diese Frage stellen, erfahren wir, dass diese schmerzhaften Aufgaben der Preis sind, den wir für die Entwicklung unserer Talente zahlen. Das ist wirklich der Zweck einer Lektion. Und die liebe Lehrerin, die weise ist, weil sie selbst mühsam den Weg gegangen ist, weiß, wie gut und notwendig es für uns ist, nach ihren Anweisungen zu arbeiten.

Nehmen wir an, Sie spielen Klavier. Es gibt zwei Arten von Unterricht – einen für die Finger, einen für den Geist. Aber in Wirklichkeit leitet der Geist auch die Fingerarbeit, und das Herz muss bei allem dabei sein. Ihre Übungen werden Ihnen mehr Kraft verleihen, mit den Fingern zu sprechen. Jede neue Fingerübung beim Klavierspielen ist wie ein neues Wort in der Sprache. Damit ausgestattet können Sie mehr sagen als zuvor. Die Arbeit für den Geist sind die Klassiker. Dies sind Kompositionen der großen und kleinen Meister, mit denen Sie den Geschmack formen, während die technischen Übungen dazu dienen, Ihnen die Kraft und Fähigkeit zu geben, sie zu spielen. So sehen Sie, wie gut diese beiden Dinge zusammenpassen.

Wenn Sie geduldig weitermachen, werden Sie Jahr für Jahr zu jeder dieser Aufgaben beitragen. mehr Kraft wird in die Finger und in den Geist gelangen. Während dieser Zeit werden Sie der wahren Musik immer näher kommen. Immer mehr wird aus deinem Herzen kommen. Die Quelle wird nicht nur weiterhin deutlich sprudeln, sondern auch kräftiger. Nichts ist so wunderbar.

Wissen Sie, wie traurig es für den Mann war, das eine Talent, das ihm gegeben worden war, nicht zu vermehren? [39] Vielleicht hast du auch einen. Dann finden Sie es, lieben Sie es, steigern Sie es. Wisse, dass jeder Schritt auf dem Weg, jede kleine Aufgabe, jeder Moment des Glaubens in späteren Jahren zehntausendfach bezahlt wird.

Wenn wir uns jetzt an unsere Ansprache zum Thema Zuhören erinnern, wird uns das helfen. Haben wir damals nicht gesagt, dass die erste Pflicht eines Zuhörers demjenigen gegenüber besteht, der zu seinem Besten spricht? Die Unterrichtszeit ist eine Gelegenheit, die wir mehr als alle anderen nutzen sollten, um mit Liebe und Aufmerksamkeit zuzuhören. Ja, nichts Geringeres als das, denn – wie oft haben wir es schon gehört – wenn man etwas mit Liebe tut, muss man es mit ganzem Herzen tun, und mit weniger bekommen wir nicht alles, was wir haben könnten.

Dieser Vortrag ist also wichtig, weil er viele Dinge zusammenfasst, die bereits geschehen sind, und auf einiges hinweist, das noch kommen wird. Lassen Sie uns die letzten Worte dazu sagen. Eine Lektion schlägt vor, zuzuhören; Zuhören deutet auf den Lehrer hin, der uns mit unendlicher Freundlichkeit und Strenge führt; und der Lehrer schlägt den schönen Weg vor, den wir gehen, und was wir auf unserer Reise hören, das ist die Musik des Herzens; und die Musik des Herzens enthält die Töne über uns und die größeren und kleineren Meister, die sie in schöne Formen gebracht haben. Die Herren sind wie Diener, denen man einem ein Talent gibt , dem anderen zwei, vier und mehr, aber jeder entsprechend seinem Wert, um in Wahrheit und Ehre geführt und eingesetzt zu werden; von jedem entsprechend seiner Stärke erhöht.

KAPITEL XI.

DAS LICHT AUF DEM WEG.

„Lasst uns Dienst suchen und einander helfen."

„Meister", sagte das kleine Kind, „ich bin unglücklich. Obwohl ich Gefährten und Spiele habe, befriedigen sie mich nicht. Selbst die Musik, die ich über alles andere liebe, liegt mir nicht wirklich am Herzen, und es macht mir auch keine Freude." Was soll ich tun?"

Und der Meister antwortete:

„Es gibt eine Aufgabe, die größte und schwerste von allen. Aber ein Kind muss sie lernen. Du musst *von den ersten Tagen an wissen*, dass alles, was du tust und sagst, wohin du gehst, was du suchst ; dies, all dies, von hier kommt." Alles, was *von dir* gesehen wird, ist von deinem inneren Leben. Alle deine Taten, dein Gehen und Kommen, deine Wege und deine Wünsche, diese kommen von innen .

„Nun gibt es viele Dinge, die man nicht erreichen kann, wenn man sie direkt sucht; von diesen sind zwei die Größten. Das eine ist das, was dir bereits Traurigkeit im Herzen gegeben hat – das Licht des Gesichts. Und das andere ist Glück."

„Aber es gibt einen Weg, wie man diese finden kann. Weißt du nicht, dass du dir selbst oft selbst mit viel Mühe nicht gefallen kannst? Aber immer, *mit wenig oder gar keiner Mühe* , kannst du einem anderen gefallen."

„Und der Weg ist Service.

„Du armes Kleines! Du bist mit deiner Klage über dein Unglück gekommen, und doch hast du alles, was hell und selten ist: Gefährten, Musik und ein liebes Zuhause. Weißt du, dass es auf der Welt unzählige Arme gibt, Kinder wie dich, die nicht ihr tägliches Brot haben? Und doch gibt es viele von ihnen, die nie versäumen zu sagen: ‚Führe uns nicht in Versuchung.' Und sie sagen dies, *ohne das tägliche Brot gekostet zu haben* , für das sie zu beten gelehrt wurden.

„Und du? Du bist unglücklich. Und dein tägliches Brot wird dir mit Musik und Sonnenschein vorgesetzt.

„Doch es gibt Kleine wie dich, die in der Dunkelheit Hunger leiden.

„Und du? Du bist unglücklich."

KAPITEL XII.

DIE GRÖSSEREN MEISTER.

„Trotz allem habe ich das Musikstudium nie unterbrochen." — *Palestrina.*

Ein italienischer Opernschriftsteller namens Giovanni Pacini sagte einmal, das Studium der Werke von Mozart, Haydn und Beethoven „erleichtere den Geist eines Schülers, da die Klassiker eine kontinuierliche Weiterentwicklung der schönsten und einfachsten Melodien seien", und manchmal hört man, dass große Männer diejenigen seien, die es wagen, einfach zu sein. In unseren bisherigen Gesprächen haben wir eine wichtige Tatsache gelernt, nämlich, dass Musik Wahrheit ist, die aus dem Herzen ausgedrückt wird. Natürlich wissen wir, dass sie gefühlt werden muss, um im Herzen zu sein, und dass wir viel über das Schreiben wissen müssen, um sie auszudrücken. Jetzt können wir uns ganz gut vorstellen, was ein großer Meister der Musik ist. Wie Pacini sagt, werden seine Melodien einfach und schön sein, und wie wir selbst wissen, werden seine einfachen Melodien ein Ausdruck der Wahrheit aus dem Herzen sein.

Aber nur so weit zu gehen, würde nicht ausreichen. Viele können einfach und gut und wahrheitsgemäß schreiben, aber nicht als Meister. Es muss noch etwas anderes geben. Wenn wir herausgefunden haben, was das Andere ist, werden wir die Meister besser verstehen und sie mehr ehren.

Überall in der Musikgeschichte lesen wir, was Menschen aus Liebe zu ihrer Kunst zu tun bereit waren. Es ist nicht so, dass sie bereit gewesen wären, es zu tun, als man es ihnen sagte; sondern dass sie aus eigenem Antrieb mit Freude schmerzhafte, mühsame Aufgaben erledigt haben. Der Name eines jeden Meisters wird an die große Arbeit erinnern, die er bereitwillig für die Musik aufgewendet hat, und an ebenso großes Leid, das er bereitwillig erduldete, ja sogar suchte, damit die Musik für ihn reiner sei. Die arme Palestrina kam viele Jahre mit den dürftigsten Mitteln durchs Leben. Aber wie er sagt: „Trotz allem habe ich das Musikstudium nie unterbrochen." Bach war ein einfacher und loyaler Bürger, den ein Land nur haben konnte, und von den ersten Jahren, als er ein vaterloser Junge war, bis zu den Tagen seiner traurigen Not brachte er immer Opfer. Denken Sie an die Meilen, die er zurückgelegt hat, um Buxterhude , den Organisten, zu hören. und wie eifrig er in den früheren Jahren, als er bei Johann Christopher, seinem Bruder, lebte, danach strebte, die Kunst zu erlernen, die ihn so faszinierte. Es war die ständige Bereitschaft, ehrlich zu lernen, die ihn auszeichnete.

Jeder von uns, der treu mit seinen Talenten arbeitet, kann viel bewirken — mehr, als wir glauben. Sogar Bach selbst sagte zu einem Schüler: „Wenn du *genauso* fleißig bist, wirst du Erfolg haben wie ich."[40] Er erkannte, dass es wenig darauf ankommt, wie sehr wir uns wünschen, dass die Dinge so sind, wie wir sie wollen; Wenn unsere Wunschgedanken nicht in die sofortige Tat umgesetzt werden, können wir keinen Erfolg haben. Denn während alle Gedanken nach Taten streben, erfordern Wunschgedanken die meiste Arbeit.

Es wäre schön, über jeden einzelnen großen Meister zu sprechen, um zu sehen, auf welche besondere Weise jeder von ihnen für die Kunst, die er liebte, Opfer gebracht hat. In allen kommen die wahren Qualitäten zum Vorschein: in einem als Ernsthaftigkeit; in einem anderen als Entschlossenheit; in einem anderen als Patriotismus; aber alle sind der Kunst selbst treu. Für uns muss es eine sehr deutliche Lektion sein, zu sehen, dass Menschen viel davon haben, wenn sie bereit sind, all ihre Gedanken einem Thema zu widmen. Und ist es nicht ganz klar, dass niemand viel erreichen kann, wenn er nur ein paar unwillige Minuten darauf verwendet? Ich vertraue darauf, dass niemand, der diese Vorträge hört, jemals denken wird, dass er mit ein wenig Zeit, die er seiner Musik widmet und die er nicht umsonst schenkt, jemals entweder Freude daran haben oder Trost daraus ziehen kann. Das können sie nie. Und anstatt es so zu tun, lassen sie es lieber ungeschehen. Wenn wir uns auf den Weg machen, zu den Meistern zu gehen, werden wir nur durch Ernsthaftigkeit dorthin gelangen. Zurückbleiben ist eine Schande für den, der reist, und für den, zu dem wir gehen. Es zeigt einerseits seine Faulheit und andererseits sein Missverständnis gegenüber dem Meister; denn wenn er es verstünde, würde er keinen lustlosen Schritt machen.

Nun haben wir immer wieder gesagt, dass wahre Musik aus dem Herzen kommt und einfach ist. Gleichzeitig fällt es uns schwer, die Musik der Meister zu verstehen. Das heißt, einige von uns finden es so. Sie erscheint uns alles andere als einfach und wir schließen natürlich daraus, dass irgendwo etwas nicht stimmt. Wir sitzen an unseren Aufgaben, studieren die Musik und werden entmutigt, weil wir sie nicht spielen können. Es ist natürlich, dass wir denken, es sei eine sehr schwere Aufgabe, und wir können es nicht ertragen, solche Töne zu hören. Nun, lassen wir uns deswegen nicht entmutigen; schauen wir mal!

Erstens ist das Spielen schwieriger, als die Musik zu verstehen. Einmal spielte ein großer Klaviermeister für eine Dame, die noch nie zuvor einen großen Meister gehört hatte, und das Spiel war wie wunderschöne Spitze. Als es vorbei war und der Meister weggegangen war, fragte jemand die Dame, wie er gespielt hatte, und sie sagte:

„Er hat so gespielt, dass die Musik so klang, wie ich es mir vorgestellt hatte."

Und sie fragten sie, was sie meinte.

„Mir wurde immer beigebracht", sagte sie, „Musik zu hören und darüber nachzudenken. Das wurde mir mehr beigebracht als das Spielen. Und die Musik der Meisterkomponisten halte ich immer für schön und schön." Einfach, aber schwierig, es so klingen zu lassen, wie es sollte. Ich habe oft gehört, dass die Musik der Meister langweilig und nicht schön ist, aber das ist wirklich nicht das, was die Leute empfinden. Es ist schwierig für sie, die Musik richtig zu spielen Und wiederum können sie dies nicht verstehen: Die Kunst ist in ihrer Wahrheit oft einfach, während diejenigen, die sie betrachten, nicht einfältig sind. Das ist schwer zu verstehen, aber es ist der wahre Grund.

Wenn wir nun darüber nachdenken, was diese kultivierte Dame sagte, werden wir sie für weise halten. Wie stolpernd unsere Finger auch sein mögen, lasst uns doch die Reinheit der Musik selbst im Auge behalten. Dies wird uns in gewissem Sinne lehren, die Männer, die von frühester Zeit an Schönheiten in die Kunst brachten, an denen wir uns heute erfreuen können, mit Ehrfurcht zu betrachten. Der weiseste der Griechen [41] sagte:

„Die Schätze der Weisen von einst, die sie in Büchern niedergeschrieben hinterlassen haben, blättere und durchsuche ich in der Gesellschaft meiner Freunde, und wenn wir darin etwas Gutes finden, bemerken wir es und betrachten es als großen Gewinn, wenn wir uns dadurch einander näher fühlen."

Eine englische Dame[42] schrieb einst über einen Versdichter: „Kein Dichter hat je so wenige Ideen in so viele Worte gekleidet." Das genaue Gegenteil davon ist ein wahrer Dichter, der viele und edle Ideen in wenige Worte kleidet. Ein Meister übermittelt seine Botschaft in einer verständlichen Sprache.

Sehen wir uns nun in den letzten Minuten an, was ein großer Meister ist:

I. Er wird jemand sein, der einfach eine schöne Botschaft übermittelt.

II. Er war bereit, für seine Kunst Opfer zu bringen und zu leiden.

III. Er hat jeden Tag mit dem einfachen Wunsch gelebt, sein eigenes Herz besser kennenzulernen.

IV. Er hat seine Botschaft immer auf so wenige Töne wie möglich konzentriert, und seine Musik ist daher voller Bedeutung.

Einer von ihnen hat über die Bedeutung der Meister Folgendes geschrieben: „Wann immer Sie die Musik von Bach, Mozart oder Beethoven aufschlagen, wird Ihnen ihre Bedeutung auf tausend verschiedene Arten offenbar." Das liegt daran, dass in ihr Tausende verschiedener Botschaften aus dem Herzen *konzentriert sind* .

KAPITEL XIII.

DIE KLEINEN MEISTER.

„Und die Seele eines Kindes kam wieder in ihn zurück." – *1. Könige, XVII: 22.*

Wenn eines Tages jemand ernsthaft zu Ihnen sagen würde: „Guten Tag, es ist Zeit für Sie!", wüssten Sie kaum, was Sie damit anfangen sollten. Sie würden sofort verstehen, dass die Person zwar Wörter kennt, sie aber nicht richtig zusammensetzen kann. Und wenn die Person weiterhin so mit Ihnen redet, könnten Sie geneigt sein, die Geduld zu verlieren und nicht zuzuhören. Aber wenn Sie innehalten und über die Dinge nachdenken und sich selbst prüfen würden, würden Sie etwas erfahren, worüber es sich durchaus zu denken lohnt.

Sie werden feststellen, dass Ihre Fähigkeit, Wörter in die richtige Reihenfolge zu bringen, aus Gehorsam resultiert. Zunächst einmal waren Sie bereit, das nachzuahmen, was andere sagten, bis Sie dadurch lernten, ganz gut zu sprechen. Außerdem wurden Sie zu Hause und in der Schule oft von Ihren Mitmenschen korrigiert, bis die Sprache schließlich zu einer sorgfältigen Gewohnheit für Sie geworden ist. Jeder weiß sofort, was Sie meinen. Sie sehen daher, dass Sie Wörter so kombinieren können, dass Sie von anderen leicht verstanden werden; oder, wie im Fall der imaginären Person, mit der wir begonnen haben, können sie auf völlig sinnlose Weise kombiniert werden. Folglich reicht es nicht aus, Wörter allein zu kennen, wir müssen auch wissen, was wir mit ihnen anfangen. Die wahre Kunst im Gebrauch von Wörtern besteht darin, einigen von ihnen eine vollständige und klare Bedeutung zu verleihen; so viel wie möglich mit so wenigen Wörtern wie möglich zu sagen.

Töne können auf dieselbe Weise behandelt werden wie Wörter. Man kann Töne so schreiben, dass sie etwas so Sinnloses ausdrücken wie „Guten Tag, es ist für dich!" Viele tun das. Daraus lernen Sie, dass wahre und einfache Tonsätze, wie ähnliche Wortsätze, das Ziel haben müssen, die vollständigste und klarste Bedeutung auf so wenig Raum wie möglich auszudrücken.

Viele Jahrhunderte lang haben sich ernsthafte Komponisten mit diesem Thema beschäftigt. Sie haben auf jede erdenkliche Weise versucht, die Geheimnisse der Tonkomposition zu ergründen, damit bei der Verbindung der Töne die größtmögliche Bedeutung zum Vorschein kommt. Töne, die nach den Gesetzen der Musikkomposition so angeordnet sind, ergeben einen Sinn. Alle großen Komponisten haben unermüdlich daran gearbeitet, diese Kunst zu erlernen. Sie haben erkannt, wie schwierig es ist, viel Bedeutung auf kleinem Raum unterzubringen, und um diese Fähigkeit zu erlangen, war ihnen keine Arbeit zu schwer.

Wir müssen bedenken, dass es auf der Welt kein Ende der Musik gibt, die nicht von den wenigen Männern geschrieben wurde, die wir gewöhnlich die großen Komponisten nennen. Vielleicht interessieren Sie sich für diese Werke. Viele davon sind wirklich gut – zweifellos Ihre Lieblingsstücke. Wenn wir daran denken, ist es mit Komponisten wie mit Bäumen im Wald. Groß und Klein, Stark und Schwach wachsen für die vielen Zwecke, für die sie geschaffen wurden, zusammen. Sie konnten nicht alle entweder groß oder klein sein. Es muss viele Arten geben; Dann treten mit der Zeit die Jungen an die Stelle der Alten, und die Starken überleben die Schwachen. Gemeinsam unter demselben Himmel, tief verwurzelt in der wunderschönen, üppigen Erde, wachsen sie Seite an Seite. Die gleiche Sonne scheint auf sie alle, derselbe Wind und derselbe Regen kommen zu ihnen und wählen niemanden vor dem anderen aus. Was machen sie alle? Jeder lebt sein wahres Leben, so gut er kann. Es ist wahr, dass sie vielleicht nicht kommen und gehen, sie mögen sich nicht entscheiden, aber wenn wir sie sehen, so schön in ihren Blättern und Zweigen, spüren wir den guten Zweck, für den sie leben, und vielleicht lieben wir sie unbewusst.

Unter uns ist es ganz dasselbe. Einige sind geschickter als andere. Aber ob unser Können groß oder klein ist, wir nutzen es nicht wirklich, bis wir es einem würdigen Zweck gewidmet haben. Und wie bei uns ist es auch bei den Musikern. Es gibt die Großen und die Kleinen. Die Großen – die Vordenker – nennen wir die großen Meister. Die Kleinen sind ernsthafte Männer, die nicht so viel Macht haben wie die Meister, aber sie sind in kleinen Dingen treu.

Sie singen zwar weniger schöne Lieder, aber nicht weniger. Oft denken diese weniger schönen mehr wie wir. Sie denken einfach und über Dinge nach, die uns oft im Kopf herumschwirren. Es sind solche Gedanken wie diese, die wir in unseren besten Momenten haben und die wir so sehr lieben, wenn wir sehen, dass sie von jemandem gut ausgedrückt werden, der ein guter und feinfühliger Komponist ist, sei es in Ton oder Wort. Besonders gut verstehen wir diese Gedanken in den ersten Jahren unserer Musik, wenn uns fast alle Werke der größeren Komponisten überragen.

Daher sind die vielen Komponisten (die noch keine großen Meister sind) für uns wertvoll, weil sie eine Art Gedanken gut schreiben, die rein und bedeutungsvoll sind und die wir verstehen können. Sie bereiten uns am Anfang Tag für Tag wahre Freude und scheinen uns gleichzeitig dabei zu helfen, die großen Meister zu verstehen. Dies erreichen sie, indem sie unsere Gedanken in die richtige Richtung lenken.

Nun wissen wir, dass die allerbeste Musik, die ein junger Musiker in den ersten Tagen lernen kann, die der kleineren Tonmeister ist, zusammen mit den einfacheren Stücken der großen Komponisten, die er verstehen kann — innerhalb der Fähigkeit eines Kindes Hände und Stimme. Schauen wir noch einmal nach, falls es nicht klar ist:

Wahre Komponisten, ob groß oder klein, singen aus dem Herzen. Wenn jemand, der ein wenig Geschick besitzt, es unwürdig von der guten und wahren Arbeit abwendet, die er leisten könnte, dann nutzt er sein einziges Talent nicht richtig. Er vermittelt uns nicht den wahren Gedanken im Ton. Er schreibt aus Eitelkeit oder für einen niederen Zweck und ist kein geringerer Meister, aber er ist untreu.

Es ist nicht unser Recht, irgendetwas zu spielen. Wir dürfen nur das spielen, was voller guter Gedanken ist, die wir in unserer Macht verstehen können. Genau das wollen uns die kleineren Meister vermitteln. In einfachen, aber klaren und schönen Bildern verraten sie uns viele, viele Geheimnisse der Welt der Töne, in die uns eines Tages die Größeren einladen werden, wenn wir den Kleineren treu bleiben.

KAPITEL XIV.

HARMONIE UND KONTRAPUNKT.

„Während ich in Florenz war, tat ich mein Möglichstes, um die exquisite Art Michelangelos zu erlernen, und verlor sie nie aus den Augen." – *Benvenuto Cellini.* [43]

Zu jedem wichtigen Musikthema hat Schumann etwas zu sagen. So auch zu diesem:

„Lernen Sie beizeiten die grundlegenden Prinzipien der Harmonie." „Haben Sie keine Angst vor den Worten Theorie, Generalbass und dergleichen, sie werden Ihnen als Freunde begegnen, wenn Sie ihnen so begegnen."

Wir beginnen jetzt zu spüren, wie eindeutig diese Regeln alles behandeln. Sie heben die wichtigen Themen hervor und sagen die einfachste Wahrheit darüber. Die Bedeutung dieser beiden Regeln ist folgende: Von Anfang an müssen wir versuchen, die Grammatik der Musik zu verstehen. Einige der großen Komponisten konnten schon im Kindesalter Musik mit größter Gewandtheit aufschreiben. Händel schrieb schon als Junge für jeden Sonntag eine neue Kirchenkomposition. Mozart begann mit weniger als fünf Jahren Musik zu schreiben, und als er noch ein Junge war, schrieb er in Rom eine Komposition[44] nieder, die vom Chor der Sixtinischen Kapelle gesungen wurde, obwohl die Öffentlichkeit sie nicht hören durfte.

Harmonie und Kontrapunkt haben für die Musik das gleiche Gewicht wie Rechtschreibung und Grammatik für die Sprache. Sie sind die Grundlagen guten Schreibens und guten – das heißt richtigen – Denkens in der Musik. Harmonie ist die Kunst, Töne so zusammenzusetzen, dass sie Akkorde ergeben. Kontrapunkt hat mit dem Komponieren und Zusammenfügen einfacher Melodien zu tun. Ein moderner Autor[45] über Kontrapunkt hat gesagt: „Das Wesen des wahren Kontrapunkts liegt in der Gleichheit, die jedem Teil zuteil werden sollte." Wenn Sie sich einige gute Kontrapunktstücke anschauen, werden Sie leicht erkennen, was das bedeutet. Der Komponist hat nicht versucht, lediglich eine korrekte Akkordfolge zu erzielen, wie wir sie in einem Choral finden. Spielen wir einen Choral; jeder gute eines deutschen Meisters ist geeignet.[46] Wir bemerken, dass der Sopran die Hauptstimme ist und dass die anderen Stimmen, obwohl sie etwas melodisch sind, eher dazu neigen, die Melodie zu unterstützen und ihr zu folgen, als unabhängig zu sein. Wenn wir nun ein Kontrapunktstück wie das g-Moll-Präludium von Bach[47] spielen, haben wir ein recht gutes Kontrapunktstück, was die Kombination einzelner Melodien betrifft. Spielen wir die Gesangsstimmen getrennt. Wir werden in jeder das gleiche melodische Interesse finden. Die Akkorde wachsen aus der Musik heraus.

Wenn wir dies mit dem Chor vergleichen, sollte uns der Hauptunterschied zwischen Harmonie und Kontrapunkt klar werden. Wir werden feststellen, dass die drei Stimmen nicht *auf* die gleiche Weise vorgehen. Wenn sich eine Stimme schnell bewegt, wie im Bass der ersten beiden Takte, sind die anderen Stimmen leiser; wenn der Bass aufhört, sich schnell zu bewegen, wird eine andere Stimme die Bewegung aufnehmen, wie wir im dritten und den folgenden Takten sehen. Im Allgemeinen bewegen sich in kontrapunktischer Komposition keine zwei Stimmen auf die gleiche Weise, da jeder Gesangsstimme unterschiedliche Notenwerte gegenübergestellt werden. Dies macht das Stück interessanter und lässt jede Stimme unabhängig hervortreten.

Kontrapunktische Musik erscheint uns zunächst vielleicht nicht interessant. Wenn das so ist, liegt es daran, dass wir uns nicht im Geringsten des wunderbaren Interesses bewusst sind, das in jeden Teil gesteckt wurde. Die Wahrheit ist, dass wir den Gedanken, der in die Musik gesteckt wurde, am Anfang nicht vollständig verstehen können, aber durch Beharrlichkeit werden wir ihn nach und nach verstehen. Das ist es, was großartige Musik von Dauer macht. Sie ist so geschickt gemacht und doch so zart, dass wir geduldig nach ihr suchen müssen. Wir müssen bedenken, dass Edelsteine aus einem Stück Fels geschnitten und poliert werden müssen.

In diesem Fall ist der Edelstein das reichhaltige geistige Bild, das wir entdecken, wenn wir gewissenhaft nach dem Untergedanken suchen. Und die Suche ist das Polieren des Edelsteins.

Musik, die ausschließlich nach den Regeln des Kontrapunkts geschrieben wird, nennt man kontrapunktische Musik; Musik, die anders geschrieben wird, nennt man freie harmonische Musik. Im einen Fall wollte der Komponist eine schöne Verflechtung der Stimmen erreichen – so klar wie die Linien in einem Strichstich. Im anderen Fall ist die Absicht, Effekte durch zu Akkorden verbundene Töne zu erzielen, wie sie durch Farbmassen in einem Gemälde entstehen. Keine der beiden Formen ist der anderen überlegen. Jede ist an ihrem Platz wertvoll und jede hat ihre ganz eigenen Möglichkeiten, die die andere nicht bieten könnte. Reiner Kontrapunkt könnte uns nicht einen so bezaubernden Effekt bieten, wie ihn Chopin in der ersten Etüde von Opus 10 erzielt; ebenso wenig könnte uns der schlichtere und freiere harmonische Stil so zarte Flechtwerke bieten wie Bach in seinen Fugen.

Wenn Sie sich jetzt die Mühe machen, zwei lange Wörter zu lernen, werden sie Ihnen später im Musikstudium von Nutzen sein. Die erste ist polyphon; der andere ist monophon. Beide bestehen, wie viele andere Wörter in unserer Sprache, aus zwei kürzeren Wörtern und stammen aus einer anderen Sprache – dem Griechischen. In beiden Fällen haben wir „phonisch", was offensichtlich in jedem Fall dasselbe bedeutet, begrenzt oder modifiziert durch den vorhergehenden Teil – *Poly* und *Mono*. Phonic ist das anglisierte Griechisch für *Klang*. Wir verwenden es im englischen Wort *telephonic*. Wenn wir nun Mono und Poly definieren, werden wir diese beiden langen Wörter verstehen.

Mono bedeutet eins, Poly bedeutet viele. Wir sagen _mono_tone, was einen Ton bedeutet; auch _poly_gon, was viele Seiten bedeutet.

Im musikalischen Sinne bedeutet monophone Musik Musik mit einer Stimme und nicht mit einem Ton, und polyphone Musik ist Musik *mit vielen Stimmen*. Einfache Melodien mit oder ohne Begleitakkorde sind monophon; Viele miteinander verwobene Melodien, wie in dem von uns betrachteten Bach-Stück, sind polyphon.

In der Geschichte der Musik übertrafen zwei Männer alle anderen in dem, was sie im Kontrapunkt, also im polyphonen Schreiben, leisteten. Die eine war Palestrina, eine Italienerin; der andere war Bach, ein Deutscher. Palestrina lebte zu einer Zeit, als die Musik der Kirche sehr dürftig war, sogar so dürftig, dass der Klerus sie nicht länger ertragen konnte. Palestrina widmete sich jedoch ernsthaft dem Komponieren von Musik, die streng an den kirchlichen Gebrauch angepasst war. Die Teile waren alle melodisch und mit so viel Geschick zusammengefügt, dass sie dennoch Meisterwerke des kontrapunktischen Schreibens bleiben. Später entwickelte Bach den Kontrapunkt sehr viel moderner. Er machte mit der Polyphonie für Klavier und Orgel fast dasselbe wie Palestrina für die Stimme. Größere Meister als diese hat es in der Kunst der polyphonen Musik nie gegeben.

Es gibt noch eine andere Form des Schreibens, die weder streng harmonisch noch streng kontrapunktisch ist – sie ist eine Kombination aus beidem. Es gibt weder den schlichten, schmucklosen harmonischen Verlauf wie im einfachen Chor, noch den strengen Stimmverlauf wie in den Werken Bachs. Diese Form des Schreibens, die an den Schönheiten der beiden anderen teilhat, wird als freier harmonischer Stil bezeichnet. Es wurde von allen großen Meistern seit der Zeit Bachs befolgt,[48] sogar schon davor. Wenn Sie sich eine schöne Liedmelodie mit künstlerischer Begleitung vorstellen können, die so arrangiert ist, dass alles auf dem Klavier gespielt werden kann, werden Sie verstehen, was der dritte Stil ist. Es ist sicherlich wunderbar kostenlos; manchmal in völlig freien Akkorden vorgehend, wie in den ersten Takten der B-Dur-Sonate von Beethoven,[49] wieder vor aller Freiheit zurück zum alten Stil flüchtend, bis das Bild so alt aussieht wie ein Mönchskostüm inmitten moderner Kleidung.

Alle großen Sonaten und Symphonien stammen aus dieser wunderbar vielfältigen Schreibweise. Wie voller Ausdruckskraft es sein kann, wissen Sie aus den Liedern ohne Worte von Mendelssohn und den Nocturnes von

Chopin; wie voll flackernden Humors hört man im Scherzo einer Beethoven-Symphonie; wie voll tiefer Feierlichkeit und Trauer man sich auf den Trauermärschen fühlt.[50]

Dieser Kompositionsschule folgten sowohl große als auch kleinere Meister. Jeder Teil soll so natürlich und interessant wie möglich etwas sagen, weder zu eingeschränkt noch zu frei. Dann müssen beim Spielen beide Hände gleichermaßen intelligent sein, denn jeder ist eine wichtige Rolle zugewiesen.

Der große Vorteil des Studiums der Harmonielehre und des Kontrapunkts besteht darin, dass es die eigene Wertschätzung steigert. Sobald wir beginnen, den Geist guten Schreibens zu verstehen, fangen wir an, besser zu spielen, *weil wir mehr sehen* . Wir beginnen, vielleicht im Kleinen, echte Musikdenker zu werden. Durch all diese Mittel lernen wir immer besser zu verstehen, was wahres Schreiben bedeutet. Es wird uns klar sein, dass ein Komponist jemand ist, der reine Gedanken im Ton denkt, und nicht jemand, der Täuschungen treibt.

Kapitel XV.

MUSIK UND LESEN.

„Es wurde wahrlich gesagt, ein liebendes Herz ist der Anfang allen Wissens." – *Thomas Carlyle.*

Eine schöne Sache im Leben ist die Freundschaft zu Büchern. Jeder, der Bücher liebt, zollt ihnen eines Tages Tribut und drückt seine Dankbarkeit für die Freude und den Trost aus, die sie uns geben. In ihnen finden sich für jeden, der danach sucht, weise Worte, gute Ratschläge, die Gesellschaft großartiger Menschen, Feen, Freunde für jeden Tag und außerdem Wunder, die wir im täglichen Leben nie sehen oder von denen wir träumen.

Einige der großen Männer haben uns von ihrer Liebe zu Büchern erzählt; wie sie Penny für Penny langsam gespart haben, um sich eines zu kaufen, oder wie nach der Arbeit des Tages ein gutes Buch und der Feuerschein über alles andere geschätzt wurden. Alle erzählen uns, wie viel sie Büchern zu verdanken haben und was für ein Segen Bücher sind. Stellen Sie sich vor, wie viele Herzensgedanken in einem Regal voller guter Bücher stecken müssen! Gedanken in Tönen oder Gedanken in Worten können vom Herzen kommen oder nicht. Aber nur wenn sie von Herzen kommen, sind sie unserer Zeit würdig.

Sie werden Bücher nicht nur lieben, sondern auch etwas von den Gedanken, die sie enthalten, aus ihnen mitnehmen. Wenn wir Zeit hätten, könnten wir über klassische Bücher sprechen, aber da wir bereits über klassische Musik gesprochen haben , wissen wir, worauf es ankommt. Es geht darum, dass gute Gedanken, die aus dem Herzen kommen, auf gelehrte Weise ausgedrückt werden – „Große Gedanken brauchen großen Ausdruck."[51] Dies lehrt uns die Notwendigkeit, gute Bücher für unsere Bildung und unsere Unterhaltung auszuwählen. Sie präsentieren uns wahrheitsgetreu schöne Bilder oder sie präsentieren uns die Wahrheit auf schöne Weise. Und dies ist der erste Prüfstein eines geschriebenen Gedankens – seine Wahrheit und seine Schönheit.

Wenn Sie gute Bücher lesen, werden Sie mit jedem Band etwas finden, das es wert ist, besessen zu werden. Sie sollten ihm so viel Aufmerksamkeit schenken, wie Sie jedem anderen guten Freund schenken möchten. Und wenn es Ihnen geholfen oder Freude bereitet hat, ist es sicherlich einen bleibenden Platz wert. Ein gutes Buch wird Ihnen auch dann noch viel Freude bereiten, wenn wir es schon ganz gelesen haben. Wie wir sehen, kommt in den Jahren nach der Lektüre die Erinnerung an all die alten Freuden zurück und damit ein Gefühl der Dankbarkeit für eine so angenehme Freundschaft. Daher ist jedes Buch, das uns Freude, Frieden oder Trost gebracht hat, nicht nur gute Pflege, sondern auch einen Platz *für immer wert* ; als wertvolles Stück Eigentum.

Zu Beginn Ihres Musikstudiums wird es Ihnen eine Freude sein zu erfahren, dass es viele und entzückende Bücher *über* Musik gibt, die manchmal von Musikliebhabern, manchmal von den Komponisten geschrieben wurden. Die geschriebenen Wortgedanken der Komponisten sind oft von großem Interesse. Sie enthüllen uns nicht nur viele Geheimnisse der Tonkunst, sondern lehren uns auch viel über die Art von Dingen und Gedanken, die in den Köpfen der Komponisten lebten. Wir lernen definitiv nicht nur die Musikinteressen der Komponisten kennen, sondern auch das Lebensinteresse. Es kommt uns wirklich so vor, als würden wir in ihre Häuser schauen, die Art und Weise sehen, wie sie lebten und arbeiteten, und ihren Worten lauschen. Wir halten die großen Namen der Musik nie mehr für uninteressant. Um sie herum sammeln sich die bezauberndsten und attraktivsten Bilder, und das alles gibt uns eine neue Inspiration, der Musik treu zu bleiben, der Wahrheit der Musik treu zu bleiben und bereit zu sein, das zu tun, was andere getan haben, und durch Handeln zu lernen. Die Lektion, die wir aus dem Leben eines jeden Menschen ziehen, ist, dass er *tun muss* , wenn er lernen will.

Ich bin mir sicher, dass Sie viele schöne Minuten mit den Briefen eines großen Komponisten verbringen werden. Jeder ist wie ein Gespräch mit dem Autor. Sie sind so freundlich und so voller Herz und doch so erfüllt von dem Mann selbst. Besonders die Briefe von Mendelssohn und Schumann werden Ihnen gefallen. Tatsächlich gehören die Briefe aller Komponisten zu den wertvollsten Musikschriften, die wir haben. In gewisser Weise scheinen sie die Musik selbst zu erklären: und der Komponist wird sofort zu einem engen Freund. Aber lesen Sie außerdem die Biografien. Dann ist es, als ob wir persönlich zu dem Komponisten nach Hause eingeladen würden und ihm all seine Wege und sein Leben gezeigt würden. Und darüber hinaus gibt es einige freundliche Bücher mit den allerbesten Ratschlägen, wie man uns zu nachdenklichen Musikern macht; Es gibt wieder viele Schriftsteller, die die Kunst so sehr geliebt haben – nicht nur die Kunst des Tons, sondern auch alle anderen Künste –, dass sie uns in guten und ernsthaften Büchern davon erzählt haben, die freundlich sind, weil sie von rechts geschrieben sind Ort; und dass Sie zu diesem Zeitpunkt wissen müssen, dass es das Herz ist.

Wenn Sie etwas über die Komponisten gelesen haben, werden Sie schnell erkennen, dass wahre Musik aus dem wahren Leben entsteht. Dann werden Sie anfangen, das wahre Leben zu lieben, nützlich zu sein und anderen zu helfen. Aber all diese Dinge kommen nicht auf einmal. Doch wenn wir Schritt für Schritt voranschreiten, lernen wir, dass Kunst selbstlos ist, und dass wir es auch sein müssen, um Freude an ihr zu haben; Kunst ist wahr – wir müssen es sein, um sie auszudrücken; Kunst ist voller Leben – wir müssen die Wahrheit kennen und leben, um sie wertzuschätzen. Und das Studium reiner Gedanken in der Musik, in Büchern und in unserem eigenen Leben wird dabei helfen.

Kapitel XVI.

DIE HÄNDE.

„Das Können ihrer Hände ist noch immer spürbar." – *John Ruskin.* [52]

In einem unserer Gespräche über die Gedanken in unseren Herzen sagten wir, dass sie vom Herzen in unsere Arme und Hände, in die Musik, die wir spielen, und zu denen, die uns zuhören, kriechen und in ihnen die Gedanken hervorrufen, nach denen sie uns beurteilen. So sehen wir, dass, wie Janus Wache an der Tür des Jahres steht, die Hände zwischen der geheimen Welt der Gedanken im Inneren und der fragenden Welt der Neugier im Äußeren stehen.

Wenn wir es nicht sonst so eilig hätten, könnten wir darüber nachdenken, dass jeder auf der ganzen Welt seine Hände für irgendeinen Zweck trainiert. Und für eine solche Vielfalt von Zwecken! Der eine strebt danach, geschickt mit Werkzeugen umzugehen, ein anderer ist ein Zauberer, ein anderer verbringt sein Leben zwischen schönen und zarten Pflanzen, ein anderer liest mit seinen Fingern.[53] In jeder dieser oder der zahllosen anderen Möglichkeiten, die Hände zu gebrauchen, kann man von niemandem wirklich Geschick sagen, bis er Feingefühl erlangt hat. Selbst bei gewaltsamem Gebrauch der Hände muss die Führung mit größter Feinfühligkeit erfolgen. Man kann leicht erkennen, dass die Hände, wenn sie auf Befehl des Herzens arbeiten , immer bereit sein müssen, die Absicht des Herzens deutlich zu machen, und das drückt sich in wahrhaftiger Feinfühligkeit aus. Nicht nur trainieren alle Menschen auf der Welt ihre Hände, sondern sie trainieren sie, wie wir bereits sagten, auf zahllose verschiedene Arten.

Haben Sie schon einmal über eine andere Sache nachgedacht: dass alle Dinge um uns herum, außer den Dingen, die leben, von Hand geschaffen wurden? Und von den Dingen, die leben, werden sehr viele von den Händen gepflegt. Diese Gedanken werden uns etwas nahelegen. Die Dinge, die gut und schön sind, deuten auf einen edlen Gebrauch der Hände hin; während diejenigen, die keinen Nutzen haben, schädlich und zerstörerisch sind, einen unedlen Nutzen zeigen. Aber der edle und unedle Gebrauch der Hände ist nur ein weiterer Beweis für das Denken. Gedanken, die im Herzen rein sind, führen die Hände zu schönen Zielen. Und wenn das Herz in seinen Gedanken unrein ist, wissen Sie natürlich, was folgt.

Es hat mich beim Lesen der Bücher von John Ruskin immer beeindruckt, wie oft er über die Hände spricht. Er ist sich wirklich bewusst, dass es sich bei aller Handarbeit um Gedanken, Befehle, Anweisungen und tatsächliches Bauen handelt. Es zeigt sich überall. Der Bau einer Mauer mit richtig platzierten Steinen erfordert *Ehre* . Der Baumeister mag unhöflich sein, aber wenn seine Hände die Steine treu übereinander legen, ist in seinem Herzen sicherlich Ehre. Wäre es nicht so, könnten seine Hände nicht treu arbeiten.

Auch wenn die Arbeit feiner ist, wie die Goldarbeit, die viele früher in Rom und Florenz eifrig erlernt haben, muss der Geist dennoch derselbe sein. Also Wir sehen, dass die Arbeit, egal ob grob oder fein, in jedem Fall von der gleichen Art von Herzensgedanken angetrieben wird.

oft über Ruskins Worte an Sie gesprochen, und zwar aus zwei Gründen: Erstens sind seine Worte immer voller Bedeutung, weil er so voller Gedanken war, als er sie schrieb; und zweitens möchte ich, dass Sie von den ersten Tagen an etwas über ihn erfahren und ihn zu Ihrem Freund machen. Oft spricht er in kurzen, groben Worten zu Ihnen, auch ungeduldig, aber das macht nichts, sein Herz ist warm und voller Güte.

Aus dem, was soeben über die Steinmetzarbeiten und die Goldschmiedearbeiten gesagt wurde, können wir nun folgende Worte verstehen:

„Zwischen Künstler und Handwerker gibt es keinen Unterschied, außer dem der höheren Begabung oder des besseren Verhaltens."

Lernen Sie daraus: Was auch immer das Werk unserer Hände sein mag, seine erste Qualität und die ersten Dinge, nach denen es beurteilt werden soll, sind seine Ehre, seine Treue und seine Aufrichtigkeit.

An sich sind die Hände absolut kraftlos. Sie können sich nicht bewegen, sie können weder Gutes noch Schlechtes tun, sie können nichts tun, bis wir es ihnen befehlen. Und wie soll das geschehen? Sicher kann ich es verstehen, wenn Sie dieses Gesprächs ein wenig satt haben. Aber ich habe das alles nur gesagt, um diese Frage zu beantworten, damit Sie sie verstehen. Wie befehlen wir? Nicht die Hände allein, sondern alles, was wir tun und sagen ?

Durch unsere GEDANKEN.

Ohne sie gibt es überhaupt keine Macht. Solange sie nicht befohlen haben, können die Hände keine Bewegung machen; Den Füßen muss eine Richtung gegeben werden, der Zunge muss geboten werden zu sprechen, und ohne den Befehl gibt es nichts.

Natürlich geht es bei all diesen Vorträgen um Gedanken. Aber wir werden ein wenig Zeit brauchen, um speziell über sie zu sprechen. Und nach und nach wird uns allen klar, warum die Hände bedacht handeln müssen. Nun wird der Schaden der Welt durch zwei Kräfte verursacht: durch böse Gedanken und durch Gedankenlosigkeit. Dann ist es kein Wunder, dass Ruskin viel über die Hände spricht, denn es wird angenommen, dass sie ihnen Führung geben. Wundern Sie sich, dass er, wenn er sagt: „die Müßigen und

Lauten der Zunge", die „ *nutzlose Hand* " damit verbindet. Diese Dinge gehören zusammen, und zusammen kommen sie entweder aus bösen Gedanken oder aus Mangel an Gedanken. In dem Moment, in dem Ruskin von jemandem spricht, der seine Hände mit Ehre benutzt, leuchten seine Worte. So spricht er vom Arbeiter und beschreibt ihn als „schweigsam, hilfsbereit, ehrenhaft, der seinem Land und dem Himmel, unberührt von Veränderungen, den Glauben bewahrt".

Wenn wir also ernsthaft gebeten werden, jeden Tag etwas Wertvolles mit den Händen zu tun, können wir verstehen, warum. Ich meine nicht eine würdige Sache, sondern eine bestimmte würdige Tat, die von uns besonders durchdacht wurde. Dies täglich mit Bedacht zu tun, wird das Herz reinigen. Es wird uns lehren, die Hände dem zu widmen, was würdig ist. Dann wird uns eine weitere alte Wahrheit klar, die jeder kennt: „Wie ein Mann – oder auch ein Kind – in seinem Herzen denkt, *so ist er*."

Nach und nach werden Ihnen die Gedanken dieses Vortrags klarer. Sie werden sich ihnen gegenüber freundlicher fühlen. Dann werden Sie wirklich anfangen, über Hände nachzudenken; deine eigenen Hände und die Hände aller. Sie werden wahrhaftig in der Hand sein und Ihre eigene nachdenklich leiten; Beobachte die anderer aufmerksam. Und Sie werden feststellen, dass Sie bei den kleinsten Aufgaben Ihrer Hände vorausschauend vorgehen können, während jeder Gebrauch, den Menschen mit ihren Händen tun, Ihnen etwas beibringen wird, wenn Sie sorgfältig beobachten. Es kann sein, dass man ein Papier faltet oder eine Stecknadel aufhebt, oder irgendetwas anderes, das ganz normal ist; Das spielt keine Rolle, gewöhnliche Dinge können wie alle anderen auch richtig gemacht werden.

Bei dieser Beobachtung werden wir Hände sehen, die alle möglichen seltsamen Tricks vollbringen. Die Finger trommeln, zucken, wirbeln, schließen, öffnen, machen eine Vielzahl von Bewegungen, die was bedeuten? Nichts, sagen Sie? Oh! Nein, wirklich nicht; *nichts*, sondern *etwas*. Finger und Hände, die all diese unnötigen Bewegungen ausführen, werden nicht von Gedanken gesteuert und handeln als Ergebnis von *keinem* Gedanken, das heißt, von Gedankenlosigkeit. Jeder tut das, sagen Sie? Nein, das ist nicht wahr. Viele tun diese Dinge, aber diejenigen, die ihren Gedanken Befehle erteilen, lassen es nie zu. Wenn wir die Hände nie bewegten, außer bei einer Aufgabe, bei der wir ihnen Befehle erteilen, würden wir bald handfertig werden. Die nutzlosen Bewegungen, von denen ich gesprochen habe, machen die Hand unfertig . Sie machen Bewegungen rückgängig und lehren uns, dass wir uns selbst beherrschen müssen, wenn wir etwas werden wollen. Wissen Sie, wie es kommt, dass Menschen Großes leisten? Sie befehligen sich selbst. Wenn sie sich entschlossen haben, etwas zu tun, arbeiten sie und arbeiten und arbeiten, um es um jeden Preis zu beenden. Das verleiht Stärke und Charakter.

Wenn wir die Hände und ihre Aufgaben beobachtet haben, können wir leicht erkennen, welche Art von Aufgabe sie in der Musik zu erfüllen haben. Es ist genau dieselbe Art von Aufgabe wie beim Errichten einer Steinmauer. Jede Bewegung muss ehrenhaft ausgeführt werden. Alles muss im Kopf und im Herzen durchdacht werden, bevor die Hände zum Handeln aufgefordert werden. Weise Menschen gehen ihre Aufgaben immer auf diese Weise an. Unweise Menschen versuchen es auf die andere Weise, indem sie zuerst handeln und dann darüber nachdenken, und natürlich scheitern sie immer. Sie können jetzt verstehen, dass ein großer Pianist jemand ist, der über große Gedanken verfügt, mit denen er den Händen Befehle erteilen kann. Und um sicherzugehen, dass sie seinen Befehlen sofort gehorchen, hat er sie jahrelang dazu gebracht, ihm ununterbrochen zu gehorchen. Dieses Unterrichten der Hände zum Gehorchen nennt man Übung.

Der italienische Künstler Giotto sagte einmal:

„Sie können meine handwerkliche Meisterschaft daran beurteilen, dass ich zielsicher einen Kreis zeichnen kann.“

KAPITEL XVII.

WAS DIE RÖMISCHE DAME SAGTE.

„Sie können immer erfolgreich sein, wenn Sie es tun, aber machen Sie sich gut auf den Weg und lassen Sie gute Gedanken und Übungen mit der richtigen Methode voranschreiten." – *Marcus Aurelius*. [55]

Derselbe weise römische Kaiser, der dies sagte, erzählt uns etwas sehr Schönes über seine Mutter, das uns zeigt, was für eine weise Frau sie gewesen sein muss und wie er in seinen Mannesjahren, als er die Sorgen einer großen Nation auf sich hatte, dennoch über die Erziehung der Kindheit zu Hause nachdachte. Zuerst spricht er von seinem Großvater Verus, der ihn durch sein Beispiel lehrte, nicht zum Zorn zu neigen; dann von seinem Vater, dem Kaiser Antoninus Pius, von dem er lernte, bescheiden und männlich zu sein; dann von seiner Mutter, deren Name Domitia Calvilla war . Lesen wir einige seiner eigenen Worte über sie und gehen wir besonders auf einige davon ein. Er schreibt: „Was meine Mutter betrifft, so lehrte sie mich, die Religion zu achten, großzügig und freigebig zu sein und nicht nur darauf zu verzichten, jemandem einen schlechten Dienst zu erweisen, *sondern nicht einmal den Gedanken daran zu ertragen .*"

Diese Worte sind umso wunderbarer, wenn wir bedenken, dass sie nicht von einem Schreiber in den angenehmen Gemächern des königlichen Palastes in Rom niedergeschrieben wurden, sondern vom Kaiser selbst auf dem Schlachtfeld. Denn dieser Teil seines berühmten Buches ist unterzeichnet: „Geschrieben im Land der Quaden."

In unserem letzten Gespräch über die Hände kamen wir zu dem Schluss, dass die Hände nicht handeln können, wenn ihnen keine Befehle erteilt werden. Und als wir nachforschten, wer diese Befehle erteilt , fanden wir heraus, dass es die Gedanken waren. Viele Menschen glauben, es sei völlig ungefährlich, alles zu denken, sogar böse Gedanken im Herzen zu haben, denn Gedanken seien verborgen, sagen sie, und könnten von anderen nicht gesehen werden. Aber das Seltsame an Gedanken ist Folgendes: Sobald wir einen Gedanken haben, ob gut oder schlecht, versucht er, aus uns herauszukommen und in eine Handlung zu münden. Und das gelingt ihm fast immer. Vielleicht nicht sofort, denn Gedanken schlummern wie Samen oft lange, bevor sie zum Leben erwachen. So wird uns sehr klar, dass wir, wenn wir wachsam sein wollen, nicht auf unsere Handlungen achten dürfen, sondern nach innen schauen und die Gedanken bewachen müssen; denn sie sind die Triebfedern der Handlung.

Sie sehen jetzt, da bin ich mir sicher, wie klug die Mutter des Kaisers war, als sie ihrem Jungen beibrachte, nicht einmal den Gedanken zu *ertragen* , anderen

Böses zu tun. Denn der Gedanke würde immer stärker werden und plötzlich zur Tat werden. Sicherlich; und daher sind das erste, was Sie in diesem Vortrag lernen sollten, genau diese Worte:

Aus Gedanken werden Taten.

Das ist eine wichtige Sache. In kurzer Zeit werden Sie feststellen, dass Sie weder die Musik noch die schönen Dinge noch die Tage selbst genießen können, wenn Sie es nicht lernen. Lassen Sie uns sehen, wie es dazu kommen wird.

Ich habe deinem Lehrer[56] den Namen des Buches genannt, das der römische Frauenknabe geschrieben hat. Nun, in diesem Buch zieht sich wie ein roter Faden die Lehre seiner Mutter durch das Buch.

Er dachte nicht nur auf dem Schlachtfeld darüber nach und schrieb es nieder, sondern es schien ihm auch immer mehr Weisheit daraus zu schöpfen. Und er erzählt uns denselben Gedanken immer wieder mit anderen Worten. Manchmal bringt ihn das dazu, sehr drollige Dinge zu sagen, zum Beispiel:

„Hast du Verstand im Kopf? Ja. Warum machst du dann keinen Gebrauch davon? Denn wenn dieser seinen Teil tut, was kannst du dir mehr wünschen?"[57] Dann ein sehr guter Gedanke, den wir oft hören:

„Deine Manieren werden sehr davon abhängen, was du häufig denkst."[58] Es gibt noch viele andere, aber diese zeigen uns, dass die Bedeutung der Worte seiner Mutter tief ging, denn sie lehrten, dass man nicht auf die Tat achten muss, sondern auf den Gedanken, der die Tat hervorruft. Welchen Wert kann es nun haben, über die Römerin zu sprechen? Lassen Sie uns sehen.

In der Musik werden die Töne entweder durch die Hände oder durch die Stimme erzeugt. Und einen Ton anzugeben bedeutet, etwas zu *tun* . Dieses Tun ist eine Handlung, und die Handlung entsteht aus dem Gedanken. Es kann also keine Musik gemacht werden, wenn sie nicht durch Denken entsteht. Und das richtige Spielen guter Musik muss aus dem richtigen Denken guter Gedanken entstehen. Es kann sein, dass Sie jemanden hören Sagen Sie , dass es nicht notwendig ist, gute Gedanken zu denken, um gute Musik zu machen. Glauben Sie es niemals! Schlechte Gedanken haben nie etwas Gutes hervorgebracht und werden es *auch nie* tun, weil sie es nie können. In den allerersten Tagen müssen Sie lernen, dass gute Dinge aller Art aus guten Gedanken entstehen, weil sie aus nichts anderem entstehen können.

Hier ist also die zweite Wahrheit dieses Vortrags:

Gute Musik ist die Frucht guter Gedanken und kann nur von jemandem richtig gespielt werden, der gute Gedanken hat.

Dies führt uns zu einer anderen Sache. Lassen Sie uns zunächst sehen, ob alles klar ist. Wahre Musik ist aus guten Gedanken entstanden; wenn wir also anfangen, Musik zu studieren , werden wir wirklich Schüler guter Gedanken. Wir lernen die Gedanken guter Menschen kennen, versuchen ihre Wahrheit und Bedeutung zu spüren und lernen dadurch, unsere eigenen Gedanken nicht nur gut, sondern immer besser zu machen. Dies erscheint uns jetzt einfach und notwendig. Wir sehen, dass es unser Hauptziel sein muss, in sein Herz zu gelangen, wenn wir das Werk eines Komponisten gewissenhaft studieren wollen. Dann wird uns alles klar sein.

Aber wir können niemals den Weg zum Herzen eines anderen finden, bis wir unseren Weg zuerst woanders gefunden haben. Wo denkst du? Zu unserem eigenen Herzen, bereit zu sein, streng mit uns selbst umzugehen; in unseren eigenen Augen nicht betrügerisch zu sein; nicht um die äußere Handlung zu schützen, sondern um den inneren Gedanken; Nicht zu studieren oder zu sein, was *scheint* , sondern was *ist* .[59] Dies mag wie ein langer und umständlicher Weg erscheinen, das Musizieren zu lernen, aber es ist der ehrliche, direkte Weg, zu den großen Meistern zu gelangen, die wir kennenlernen möchten.

In einem der Bücher des griechischen Feldherrn Xenophon[60] wird Sokrates dazu gebracht, zu sagen, dass Menschen ohne Feuer nichts tun; und ganz genauso können wir ohne Nachdenken nichts voneinander lernen, insbesondere nicht von denen, die größer sind als wir selbst; die rein, stark, forschend und freundlich sein sollte. Damit können wir alles schaffen.

Bisher haben wir zwei Prinzipien. Lassen Sie uns sie überprüfen:

I. Aus Gedanken werden Taten.

II. Gute Musik ist die Frucht guter Gedanken und kann nur von jemandem richtig gespielt werden, der gute Gedanken hat.

Ist es nicht klar, dass dies nur dann geschehen kann, wenn wir über unsere eigenen Gedanken wachen und sie so steuern, als wären es die Gedanken anderer? Und wenn wir nicht einmal den Gedanken an Schaden, Böses oder Unrecht *ertragen* , werden wir im Geiste der Römerin leben, deren Sohn das Leben so führte, wie es seine Mutter lehrte.

KAPITEL XVIII.

DIE HERRLICHKEIT DES TAGES.

„Machen Sie sich keine Sorgen um morgen. Erfüllen Sie Ihre Pflichten, bekämpfen Sie die Versuchungen von heute und schwächen und beunruhigen Sie sich nicht selbst, indem Sie sich auf Dinge freuen, die Sie nicht sehen können und die Sie nicht verstehen könnten, wenn Sie sie sähen." – *Charles Kingsley.*

Fast alle von uns haben von dem kleinen Kind gehört, das eines Tages Samen pflanzte und sie anschließend ständig ausgrub, um zu sehen, ob sie wuchsen. Zweifellos hat das Kind gelernt, dass ein Samen nicht nur Erde und Pflege, sondern auch Zeit braucht. Wenn es in die Erde gelegt wird, fängt es an, seinen Platz zu spüren und sich heimisch zu fühlen; Dann, wenn alles in Ordnung ist, aber nicht anders, sendet es ein winziges Würzelchen aus, als würde es sagen, dass es darauf vertraut und glaubt, dass die Erde dieses Würzelchen ernähren wird. Und wenn die Erde freundlich ist, wächst die Wurzel und findet festen Halt. Gleichzeitig passiert noch etwas anderes. Wenn der Samen feststellt, dass er sich darauf verlassen kann, Wurzeln zu schlagen, hat er keine Angst mehr, sich zu zeigen. Es geht nach unten, leise nach unten für einen *festeren Halt* und nach oben, um das Verlangen nach Licht zu spüren.

Ein fester Halt und mehr Licht , wir können nicht genug darüber nachdenken, was sie bedeuten.

Jeden Tag, an dem der Samen seine zarten Blätter und seinen Stängel nach oben treibt, muss er mehr und mehr bewältigen. Der Regen schlägt ihn nieder; der Wind drückt ihn in die Erde, aus der er kam; Blätter und Unkraut begraben ihn unter ihrer Kraft und Fülle, aber trotz alledem, im Angesicht des Todes selbst, hält die tapfere kleine Pflanze fest an ihrem Platz. Sie wächst im Angesicht der Gefahr. Aber wie? Tag für Tag, während sie sich ihren Weg durch Luft und Sonnenschein kämpft, gesegnet oder verletzt, wie sie auch sein mag, versäumt die kleine Pflanze nie, an einer Sache festzuhalten. Nämlich, immer festeren Halt zu bekommen. Davon lässt sie nie los. Brechen Sie seine Blätter und seinen Stängel, zerquetschen Sie ihn, wie Sie wollen, stoppen Sie sogar sein Aufwärtswachstum, aber solange ein Funke Leben darin ist, werden weitere Wurzeln gebildet. Sie zielt vom ersten Moment ihres Lebens darauf ab, festen Halt zu bekommen.

Und es scheint, als hätte die Pflanze schon immer ein tolles Motiv. In dem Moment, in dem es das Gefühl hat, die Mutter Erde mit seinen Wurzeln sicher erfasst zu haben, richtet es seine Kraft darauf, etwas Schönes zu schaffen. In der Luft und im Licht, sogar in der dunklen Erde, sucht jeder

Teil der Pflanze nach einem Mittel, um etwas Wunderbares zu tun. Es trinkt den Sonnenschein, und mit seiner Wärme *und zur Ehre seines eigenen Lebens* erblüht es. Es hat sich von einem winzigen, hilflosen Samen zu einem lebenden Pflänzchen mit dem kleinsten Stängel und der kleinsten Wurzel entwickelt, und während der Stängel um einen Platz in der Luft kämpft, hört die Wurzel nie auf, die teure Erde, in der die Pflanze ihr Zuhause findet, fest im Griff zu haben . Wenn das Haus dann fest gesichert ist und die Tage die Pflanze stärker und formschöner gemacht haben , vergisst sie alle rauen Winde und Regen und die treibenden Blätter und zeigt, wie froh es ist, zu leben, *indem man etwas gibt* .

Dann ist klar, dass jede Not ihren Zweck hatte. Der Regen schlug es nieder, aber gleichzeitig fütterten sie es; Die Blätter fielen umher und bedeckten es, aber das schützte seine Zärtlichkeit: und so findet es in allen Prüfungen einen Segen. Sein Wachstum ist stärker und dankbar für sein ganzes Leben versucht er, diese Dankbarkeit auszudrücken. In seinem Herzen gibt es etwas, dessen Gewissheit herrscht. Und tatsächlich kommt es eines Tages in einer Blume mit seiner Farbe, Zartheit und seinem Duft heraus; alles von der Erde, aber von ihr genommen durch die Liebe, die die Pflanze für den Boden als ihre Heimat empfindet.

Daraus können wir ersehen, dass die Schönheit einer Pflanze oder eines Baumes ein Zeichen ihrer Beziehung zur Erde ist, in der sie lebt. Wenn ihr Halt schwach ist – wenn sie nur lose einen Platz für eine schwache Wurzel findet – liegt sie hilflos, kraftlos und freudlos am Boden. Aber wenn sie fest steht und sich in ihrer Geborgenheit sicher fühlt, gibt sie freigiebig ihre Blüten ab oder zeigt uns Jahr für Jahr wie ein Baum ihre wunderbare Blättermasse, die alle ein Zeichen dafür sind, dass Erde und Baum wahrhaftig vereint sind.

Es wurde gesagt, und zweifellos ist es wahr, dass jemand, der sich um Pflanzen kümmert und sie liebt, geduldig wird. Die Pflanze hat keine Eile; sein Wachstum ist langsam und zeigt sich oft nicht; und wer sich um sie kümmert, lernt ihre Art zu sein und zu tun. Die ganze Lektion besteht darin, Zeit einzuräumen und sie sinnvoll zu nutzen, um sie zu sparen. Der wahre Glanz eines Tages für eine Pflanze ist die Luft, das Sonnenlicht und die Erdnahrung, die sie aufgenommen hat und durch die sie stärker geworden ist. Und jeder Tag trägt, wie er beweist, etwas zu seiner Stärke bei.

Alle Menschen, die die Wege der Erde geduldig studiert haben, haben gelernt, vorsichtig zu sein, die Natur zu lieben und sich Zeit zu nehmen. Und wir alle müssen lernen, uns Zeit zu nehmen. Wir gewinnen nichts durch sorglosen Umgang mit der Natur, sondern indem wir mit Herz und Verstand an die Arbeit gehen. Wenn Herz und Verstand in unsere Arbeit einfließen , beeinflussen sie die Zeit auf eigentümliche Weise. Aufgrund des großen

Interesses, das wir an dem haben, was wir tun, denken wir nicht an die Zeit. Und was nicht gedacht wird, wird nicht bemerkt.

Der Wert der Zeit besteht also darin, dass wir jede Zeit, die wir haben, ob viel oder wenig, mit ganzem Herzen für die Aufgabe nutzen. Wenn das getan ist, wird nicht nur bessere Arbeit geleistet, sondern es gibt auch keine Reue, die uns unbehaglich macht.

Eine Übungsstunde kann nur dann eine Stunde unwillkommener Arbeit sein, wenn man das so sieht. Wenn wir mit Interesse am Klavierspielen ans Werk gehen, werden wir uns der Zeit nicht bewusst. Viele Männer, die ihre Arbeit lieben, erzählen, dass sie stundenlang bei der Arbeit sitzen und nicht merken, dass Stunden vergangen sind.

Wenn in einem von uns eine Liebe zur Musik steckt, wird sie wie ein Samenkorn wachsen. Und so wie das Samenkorn die liebe Mutter Erde braucht, so braucht die Musik das Herz. Wenn sie dort Wurzeln geschlagen hat und immer fester wird, wird sie sich äußerlich als Licht des Gesichts zeigen. Wenn sie stark ist und allem standhalten kann, was sie angreift – nicht dem Wind und dem Regen und den trockenen Blättern, sondern Entmutigung und harten Korrekturen und schmerzhaften heißen Tränen –, wird sie mit dieser Kraft gedeihen.

Manchmal, in den Tagen ihrer Stärke, strebt die Musik in ihrem Leben nach weit mehr, so wie die Pflanze nach mehr strebt und blüht. Die Blume in der Musik ist für alle ebenso großartig wie für einen. Es ist Freude und Hilfsbereitschaft. Wenn man aus Liebe zur Musik versucht, Gutes zu tun, dann hat die Musik ihre Blütezeit erlebt.

Indem wir das Leben einer einfachen Pflanze kennenlernen, lernen wir die wahre Mission der schönen Kunst des Tons kennen. Es muss seine Wurzeln tief im Herzen schlagen, damit es genährt wird. Es muss nach Stärke streben, während es gegen alles wächst, was ihm widerfahren mag. Es muss seine Herzensnahrung und seine Kraft für einen reinen Zweck verwenden, und es gibt nur einen: Freude zu schenken.

Dies lenkt unsere Gedanken auf zwei Dinge: Erstens auf die Männer und Frauen, die durch ihren Nutzen und ihre Arbeit die Bedeutung der Musik erhöht haben. Das ist der Ruhm ihrer Tage. Zweitens blicken wir mit schwachen Händen und vielleicht wenig Talent auf uns selbst, und es kommt uns der Gedanke, dass wir mit allem, was wir haben, nicht nach unserer eigenen Verherrlichung, sondern nach der Freude anderer streben sollen.

KAPITEL XIX.

DAS IDEAL.

„Le beau est „ aussi utile que l'utile , plus peutêtre .“ – *Victor Hugo.*

Mozart hatte einst einen Freund namens Gottfried von Jacquin, der ein Mann des sorgfältigen Denkens und offensichtlich ein guter Musiker war – denn uns wird erzählt, dass eine von ihm komponierte Melodie bis heute häufig als von Mozart stamme. Dieser Gottfried lebte mit seinem Vater in Wien, und Mozart besuchte sie oft. Zu dieser Zeit hatte Mozart ein Album, in das seine Freunde zum Schreiben eingeladen wurden. Unter den Versen befindet sich ein von Gottfried von Jacquin verfasster Empfindungstext, der lautet:

„Wahres Genie ist ohne Herz nicht möglich. Weder Intellekt noch Vorstellungskraft allein, nein, nicht beides zusammen kann ein Genie schaffen. Liebe ist die Seele des Genies.“

Hier wird uns dieselbe Wahrheit erzählt, die wir bereits selbst herausgefunden haben, nämlich, dass alle gute Musik aus dem Herzen kommt. Wir haben sie herausgefunden, indem wir Musik studierten und gewissenhaft versuchten, tief in ihre wahre Bedeutung einzudringen. Doch heute haben wir die Worte eines Menschen, der als Freund einen der größten Komponisten aller Zeiten aus nächster Nähe beobachten konnte. Und da er viel mit ihm zusammen war und die Musik des Meisters vom Meister selbst gespielt hörte, kam ihm der Gedanke in den Kopf, dass es unmöglich ist, ohne Herz und Liebe ein wahres Genie zu sein.

Daraus gewinnen wir den Mut, zu erkennen, dass das, was wir in der Musik anstreben, real ist; dass die Schönheiten großer Musik, auch wenn sie uns derzeit vielleicht noch nicht klar sind, wahr sind und für diejenigen existieren, die darauf vorbereitet sind. Wenn wir in unserem Bemühen, künstlerisch begabter zu werden als heute, an die Schönheit um uns herum denken und uns wünschen, ihrer würdig zu sein, dann bilden wir uns ein Ideal, und Ideale sind nur dann von Wert, wenn wir danach streben, ihnen gerecht zu werden.

Es war einmal ein griechischer Sklave in Rom, dessen Namen Sie vielleicht eines Tages lesen werden. Er hat uns gesagt: „Wenn du etwas Gutes haben willst, dann nimm es von dir selbst.“[61] Natürlich sehen wir darin sofort die Wahrheit, von der in fast jedem dieser Vorträge die Rede war. Sie lautet: Wir müssen uns selbst Tag für Tag besser kennenlernen, unsere Gedanken studieren, ein reines Herz haben und für etwas arbeiten.

Nun kann man auf einfache Weise für etwas arbeiten, ohne darüber nachzudenken. Wenn wir jede Aufgabe auf unsere beste Weise erledigen, bringt uns das etwas. Es ist wahr und auch schön, dass die Belohnung für geduldige, treue Arbeit still zu uns kommt und wir uns ihrer Anwesenheit oft nicht bewusst sind. Aber eines Tages, wenn wir uns stärker fühlen, versuchen wir, den Grund dafür herauszufinden, und wir sehen, dass uns die Treue der vergangenen Tage geholfen hat.

also zunächst eine sehr praktische Lektion. Wenn wir ihre Gunst haben wollen, müssen wir ihre Arbeit tun. Wenn wir zur Musik sagen: „Ich würde dich gerne kennen lernen"; Die Musik sagt zu uns: „Gut, arbeite, und dein Wunsch wird erfüllt." Aber ohne diese Arbeit können wir diesen Wunsch nicht erfüllen. Der griechische Sklave wusste das und sagte:

„Du bist ungerecht, wenn du diese Dinge umsonst erlangen willst."

Jetzt beginnen wir zu erkennen, dass Kunst keine Geschenke hat, die man uns umsonst schenken kann. Viele glauben, dass dies der Fall ist, und verfolgen es, bis ihnen die Wahrheit klar wird. dann gefällt es ihnen aufgrund ihres Fehlers nicht. Die Wahrheit über die Kunst zu erkennen und sie trotz des schwierigen Weges zu verfolgen, erfordert Mut. Und das Ideal ist nichts anderes als die ständige Präsenz dieser Wahrheit.

Und was gewinnen wir, wenn wir danach streben? Nicht gewöhnliches Vergnügen, sondern wahres Glück; nicht Unsicherheit, sondern wahres Verständnis; nicht selbstsüchtiges Leben, sondern wahres und erfülltes Leben. Und wir können die Schönheit der Kunst in nichts deutlicher erkennen als in der Tatsache, dass all diese Dinge einem Kind zuteil werden können und dadurch ein neues und schöneres Leben ermöglicht wird.

Gleich am ersten Tag, als wir zusammenkamen, sagte das kleine Kind zum Meister:

„Meister, ich verstehe nicht, was du gesagt hast, aber ich glaube dir ."

Manchmal ist es schwer, die Wahrheit zu spüren und sie zu bewahren; schwer, nicht nur für ein Kind, sondern für jeden; und doch, wenn wir voller Glauben daran arbeiten, *bis das Licht kommt* , dann werden wir wahrlich belohnt und entsprechend unserem Glauben reicher.

Wir dürfen in den ersten Tagen, wenn wir unsere Musik verlassen, nicht vergessen, dass der Weg, den wir seit unserer Gründung eingeschlagen haben, der schwierigste ist; nicht für immer, aber für jetzt. Der richtige Weg ist zunächst schwer – der falsche ist immer schwer.

Wir werden das alles in anderen Tagen besser verstehen, wenn wir jetzt treu bleiben. Wenn wir jedoch für einen Moment vergessen, dass die Kunst unsere Loyalität erfordert, wird es für uns weder Freude noch Frieden geben. Vielleicht ist es noch schlimmer, als den falschen Weg einzuschlagen, den richtigen Weg zu verlassen. Manchmal tun wir das aus Ungeduld; aus

Ungeduld und Selbstliebe, was das Schlimmste von allen ist. „Die Wahrheit ist der Anfang allen Guten, und das größte aller Übel ist die Selbstliebe."[62]

Angesichts der Prüfungen, die uns die Musik auferlegt, ihrer Schmerzen und Entmutigungen, könnten wir leicht an all diesen Versprechen zweifeln, die in unseren Idealen enthalten sind, aber wir werden für immer davor bewahrt bleiben, sie aufzugeben, wenn wir uns daran erinnern, dass große Männer diese Ideale beharrlich vertreten haben. Sie haben sie nie aufgegeben. Eine der stärksten Eigenschaften von Bach und Beethoven war ihre Entschlossenheit, ihre Gedanken zu ehren. Manchmal finden wir dieselbe Beharrlichkeit und Treue auch bei weniger bedeutenden Menschen.

Ich bin sicher, Sie werden diesen Glauben in den wenigen Fakten, die wir über das Leben von Johann Christian Kittel, einem Schüler von Bach, haben, wunderbar gelebt sehen. Und die nette Geschichte, die man über ihn erzählt, unterstreicht ihn besonders: Wenn er mit der Arbeit eines Schülers zufrieden war, zog er einen Vorhang beiseite, der ein Porträt von Bach verdeckte, und ließ den Gläubigen einen Moment darauf blicken. Das war für ihn die größte Belohnung, die er für Treue in der musikalischen Aufgabe geben konnte.

Und das erinnert uns daran, wie der Lehrer Pistocchi beim Gesangsunterricht auf einen reinen Ton, eine ruhige Art des Singens und die wahre künstlerische Art zu tun achtete. Zu seinen Schülern gehörte ein gewisser Antonio Bernacchi, der, nachdem er seinen Meister verlassen hatte, begann, seine Stimme durch Läufe, Triller und bedeutungslose Töne zur Schau zu stellen. Und das tat er nicht aus wahrer Kunst, denn das war es nicht, sondern weil es ihm den Beifall gedankenloser Menschen einbrachte.

Als der Meister Pistocchi dies einmal hörte, soll er ausgerufen haben: „Ach, ich habe dir das *Singen beigebracht* , und jetzt wirst du *spielen* ." Das heißt, das wahre Lied war verschwunden und der Schüler sang nicht mehr aus dem Herzen, sondern nur noch aus der Kehle. Pistocchi hielt sein Ideal rein.

Unter unseren Idealen gibt es also zwei von größter Bedeutung. Die ideale Wahrnehmung von Musik als wahrer Herzensausdruck großer Männer; und das Ideal unseres Handelns, das der wahre Herzausdruck von uns selbst ist. Und die Einhaltung dieser Ideale ist in zweierlei Hinsicht schwierig: Die Schwierigkeit, die reine Absicht großer Männer stets vor Augen zu halten, und die Schwierigkeit, den uns übertragenen Aufgaben treu und treu zu bleiben. Dann können wir mit dem kleinen Kind sagen:

„Meister, ich verstehe nicht, was du gesagt hast, aber ich glaube dir ."

KAPITEL XX.

DAS EINZIGE TALENT.

„Dann kam der, der das eine Talent empfangen hatte." – *Matthäus, XXV: 24.*

eines Tages über die großen Komponisten lesen, werden Sie von den Bildern ihres Privatlebens entzückt sein. Sie werden sehen, wie sie jeden Tag Musik machten. In jedem Fall erfahren wir, wenn wir sie studieren, wie viel sie für die Musik geopfert haben, die sie lieben, und sie täglich studierten, weil sie ihnen Freude bereitete. Wir sehen sie als kleine Kinder, die begierig darauf waren, unterrichtet zu werden, die Musik hören und etwas über sie erfahren wollten. Viele der Komponisten, deren Kindheitsleben so interessant ist, waren Kinder in sehr armen Familien, wo es weder schön noch gut war, wo die notwendigen Dinge des Lebens nicht im Überfluss vorhanden waren und wo alle vorsichtig und sparsam sein mussten, damit jedes bisschen so weit wie möglich reichte. Der Eifer und die Entschlossenheit einiger Kinder in der Musikgeschichte sind wirklich wunderbar. Es ist die wahre Entschlossenheit. Und es wird Sie nicht überraschen, wenn Sie ihr folgen und feststellen, dass sie den Kindern, die sie haben, ein sehr nützliches Leben beschert.

In Händels Leben zieht sich Entschlossenheit wie ein roter Faden durch. Er war ebenso entschlossen, Musiker zu werden, wie Lincoln, der am Kaminfeuer Bücher las, eine Ausbildung anstrebte. Händels Vater war Chirurg und wusste so wenig über Musik, dass er das Kind überhaupt nicht verstand. Er verbot dem Jungen nicht nur, Musik zu studieren, sondern hielt ihn sogar von der Schule fern, damit er nicht zufällig Noten lesen lernte. Aber jemand, der in späteren Jahren obdachlose Kinder unterstützen und wunderbare Musik für die ganze Welt schreiben sollte, ließ sich durch solche Mittel nicht zurückhalten. Auf irgendeine Weise und mit freundlicher Hilfe (vielleicht der seiner Mutter) gelang es ihm, ein Spinett, eine Art Klavier, in die Dachkammer zu schmuggeln. Indem er Stoff über die Saiten legte , dämpfte er die Drähte so, dass niemand unten die Töne hören konnte, wenn das Spinett gespielt wurde. Und Tag für Tag saß dieser kleine Junge allein in seiner Dachkammer und lernte immer mehr über die Wunder, die ihm sein Herz und sein Kopf in dem winzigen, halbstummen Spinett vor ihm sagten. Denken Sie daran, dass ihn weder die fröhlicheren Räume unten noch die Spiele seiner Spielkameraden von der Musik weglockten, die er liebte und die er in seinem Herzen fühlte.

Man würde erwarten, dass sich eine solche Entschlossenheit auf viele Arten zeigt. Das tat sie auch. Händel enttäuscht uns in dieser Hinsicht nicht. Sein ganzes Leben lang hatte er feste Ziele und einen starken Willen –

Konzentration –, der ihn vorwärts führte. Sie wissen, wie er einmal der Kutsche seines Vaters folgte. Vielleicht war es Ungehorsam – aber was für eine schöne Sache geschah, als er den Palast des Herzogs erreichte und Orgel spielte. Von diesem Tag an wusste jeder , dass sein Leben der Musik gewidmet sein würde. Mal zu Hause, mal in fremden Ländern, arbeitete, dachte und lernte er immer. Es heißt, er habe in seiner Kindheit große Mengen Musik kopiert und jede Woche etwas komponiert. Dieses Kopieren machte ihn mit anderer Musik vertrauter, und die frühe Gewohnheit des Komponierens machte es ihm leicht, seine Gedanken in späteren Jahren niederzuschreiben. Tatsächlich wurde er so geschickt, dass er eine Oper – „Rinaldo" – in vierzehn Tagen schrieb und den „Messias" in vierundzwanzig Tagen.[63]

Dennoch schrieb er Teile seiner großen Werke immer wieder neu, bis sie genau so waren, wie sie sein sollten. *Das* ist ein Gedanke, der einem großen Künstler nie in den Sinn kommt. Wie stellen Sie sich einen solchen Mann zu seinen Freunden vor? Uns wird gesagt, dass „er einen sowohl großartigen als auch einfachen Charakter hatte". Und wieder wurde gesagt: „Sein Lächeln war wie im Himmel."

Wir haben Händel als den großen Komponisten gesehen, aber er war damit nicht so beschäftigt, dass seine Gedanken nicht auch bei anderen Dingen verweilten. Wenn Sie jemals nach London reisen, sollten Sie an einem Sonntagmorgen den Gottesdienst im Foundling Hospital hören. Sie werden dort viele Hunderte von Jungen und Mädchen sehen, die sich um die Orgel gruppieren. Ihr Gesang wird Ihnen wunderschön erscheinen, wegen seiner Süße und wegen des einfachen Glaubens, in dem er gesungen wird. Nach dem Gottesdienst können Sie für so viele sonst obdachlose Menschen in die vielen Räume dieses Heims gehen.

Zu besichtigen sind: das Spielzimmer, das Schulzimmer, die langen Flure mit den hübschen weißen Kinderbetten und das gemütliche Esszimmer. Hier wird es Ihnen Freude bereiten zu sehen, wie die Kleinen in ihren ähnlichen Kleidern zum Abendessen marschieren und alle so glücklich wie möglich aussehen. Aber das Bild, das Sie zweifellos am längsten behalten werden, ist das der Kinder über die Orgel.

Dort wird man Ihnen erzählen, dass es Händel war, der der Kapelle diese Orgel schenkte und der zum Wohle der Kinder, die hierher kommen könnten, Konzerte gab, spielte und dirigierte, die so erfolgreich waren, dass sie wiederholt werden mussten. Als einer der kostbaren Besitztümer wird Ihnen eine „reine Kopie" des „Messias" gezeigt.

Sie werden sich ganz deutlich vorstellen können, wie der kleine Junge Tag für Tag allein auf dem Dachboden saß und spielte und sich keinen besseren Zeitvertreib wünschte, als die Gefühle seines Herzens in Tönen auszudrücken. Vielleicht werden Sie an seine Worte denken: „Lerne alles, was es zu lernen gibt, und wähle dann deinen eigenen Weg." Er wird Sie ansprechen, weil er eine „frühzeitige Charaktervollkommenheit" besaß, die ihm immer erhalten blieb. Wenn man das Leben Händels verfolgt, ist es offensichtlich, und es wäre bei jedem anderen Komponisten ebenso klar, dass sich großes Talent aus einem kleinen Anfang entwickelt, und wenn es klein ist, ist es doch ernsthaft und entschlossen. Von den ersten Tagen im Leben eines großen Mannes bis zu seinem letzten finden wir ständige Anstrengung. „Ich denke, diejenigen leben am besten, die am besten lernen, um so gut wie möglich zu werden."[64] Musik hilft uns, die oberen Fenster offen zu halten; deshalb tut sie so viel für uns, selbst wenn wir nur ein Talent haben.

Unser Talent zu entwickeln ist eine Pflicht, genauso wie es eine Pflicht ist, zwei oder fünf Talente zu entwickeln. Es ist uns gegeben, um es zu vermehren. Und niemand weiß, wie viel Freude uns und anderen durch die Entwicklung dieses Talents zuteil wird. Wir gewinnen viel an Kraft, anderen Freude zu bereiten, wenn unser Talent durch treue Anstrengung gestärkt wird. So wie wir gesehen haben, dass aus der Geschichte des Mannes mit vielen Talenten Gutes hervorgeht, können wir sehen, dass derjenige mit einem Talent ebenfalls große Kraft hat, mit der er sich selbst und anderen etwas geben kann.

Aus all unseren Gesprächen ging hervor, dass Musik für uns eine schöne Kunst ist, auch wenn wir nur wenig davon haben. Aber wir haben auch gelernt, dass wir uns für so wenig auch als würdig erweisen müssen. Wir müssen ehrlich etwas für alles geben, was wir bekommen. Das ist das Gesetz, und der Zweck all unserer Gespräche besteht darin, es zu lernen.

Wir haben auch gelernt, dass wahre Musik, *die aus dem Herzen kommt* , uns vielleicht nicht gleich gefällt, aber in ihr steckt viel, und wir müssen danach suchen. Die Erfahrung aller, die die Werke der großen Meister gewissenhaft studiert haben, zeigt, dass man für all die Zeit und Mühe, die man in das Studium von Meisterwerken investiert, großen Nutzen daraus zieht. Andererseits ist jedermanns Erfahrung mit gewöhnlicher Musik, dass sie uns zwar zunächst sehr gefällt und uns sogar fesselt, uns aber bald so ermüdet, dass wir ihr kaum geduldig zuhören können.

Eine weitere Lektion ist, dass es dasselbe ist, ob man mit vielen Talenten oder mit einem Talent arbeitet. Talente, ob eins oder viele, dienen der Steigerung und treuen Entwicklung. Händels Leben war ein entschlossener Kampf, das Beste aus seiner Kraft zu machen. Das sollte auch unser Leben sein.

KAPITEL XXI.

LIEBE ZUM SCHÖNEN.

„Jede Farbe, jede Formvielfalt hat einen Zweck und eine Erklärung."
– *Sir John Lubbock* .[65]

Jetzt, da wir fast am Ende des Weges sind, den wir gemeinsam zurückgelegt haben, ist es selbstverständlich, auf den Weg zurückzublicken, den wir zurückgelegt haben. Natürlich wird nicht alles sichtbar sein. Wir haben diese und jene angenehme Szene vergessen; andere bleiben jedoch frisch in unserer Erinnerung. Und wenn die Tage vergehen und wir über den Weg dorthin nachdenken, wird uns immer wieder eine Szene, eine Erinnerung begegnen, die so voller Schönheit und Freude ist, dass wir uns reich fühlen werden, wenn wir sie besitzen.

Für mich gibt es nichts, was wir gemeinsam gelernt haben, ist wertvoller, reicher an Wahrheit und Trost als der Gedanke, dass das Schöne in der Musik und in der Kunst zugleich das Gute ist. Auch wenn ein Mensch nicht immer gut ist, wird in ihm das Gefühl dafür wach, wann immer er bewusst auf einen schönen Gegenstand blickt. Darin sehen wir, wie weise es ist, sich dafür zu entscheiden, schöne Dinge zu haben, andere damit zu umgeben, sie zu lieben und ehrfürchtige Hände auf sie zu legen.

Bei sanften Händen können wir uns nie irren. Einmal sagte eine Dame zu einem Jungen:

„Man sollte alle Dinge mit der gleichen Zartheit berühren, die man einer zarten Blume schenken sollte. Das zeigt, dass man tief in seinem Inneren zur Ruhe kommt und dass man seine Hände sorgfältig und mit viel Nachdenken an eine Aufgabe herangehen lässt. Auch in den härtesten Spielen." Wenn du spielst, vergiss das nicht; dann werden deine Hände mit all den Gedanken gefüllt sein, die du in dir hast.

Manchmal, wenn ich in einer großen Galerie bin, ist der Gedanke sehr stark in mir, dass viele (immer, so viele) Menschen in allen Ländern und zu allen Zeiten das Schöne so sehr geliebt haben, dass sie ihm ihr Leben gewidmet haben . Maler, die seit Generationen Bilder machen, um Menschen zu erfreuen, schauten und schauten und *beteten* , um das Schöne zu finden. Und wir müssen glauben, dass man aus dem Herzen heraus sucht, um das Schöne zu finden, oder dass man nur das Gemeinsame findet. Und die Bildhauer, die Marmor geliebt haben, weil sie sich an schönen Formen erfreuen, auch sie haben das Schöne geliebt, mit Augen, die Schönheit suchen, und Händen, die den Marmor so sanft berühren, dass er für sie fast atmet.

Aber die einfachen Leute haben die zärtlichste Liebe für das, was im Leben süß und schön ist – Leute, die weder Maler noch Bildhauer sind. Auf ihre kleine Art – aber es ist eine *wahre* Art – haben sie Sonnenlicht im Herzen und damit Liebe für etwas.

Vielleicht ist es eine Blume. Man hat mir von einem Mann erzählt – ich habe ihn sogar gesehen –, der die grausamsten Dinge tun konnte; der so böse war, dass man ihn nicht frei unter andere treiben durfte, und dennoch liebte er Pflanzen so sehr, dass er, wenn man sie in seine Nähe stellte, ruhig zwischen ihnen umherging, diese und jene berührte, sie anschaute und sich benahm, als wäre er in einer anderen Welt. Wie wir schon einmal über den Frühling gesagt haben, so können wir hier über die Liebe zur Schönheit sagen: Sie kann mit allem bedeckt sein, was sie unterdrücken kann, aber *sie ist immer da*
.

Es ist immer angenehmer, von Menschen und ihren Gewohnheiten zu hören, als Ratschlägen zu folgen. Aber Menschen und ihre Gewohnheiten sind uns oft gute Beispiele; und wir wären in der Tat neugierig, wenn wir nicht selbst genau hinsähen, um zu sehen, was wir sind. Aus allem, was uns über das Schöne erzählt wurde, können wir zumindest Folgendes lernen: dass es das Leben versüßt; dass es sogar ein gewöhnliches Leben erhellt; dass es, wenn wir es in uns haben , für einen Armen, der in der Dunkelheit der Unwissenheit gefangen ist, wie goldenes Sonnenlicht sein kann; das ist der Vorteil und die Schönheit aller guten Dinge in unserem Leben, nämlich das Gute, das es für andere sein kann. Und die schöne Musik, die wir singen oder spielen, soll nicht zeigen, was wir sind oder was wir tun können – das wird sie natürlich tun –, sondern sie soll ein Segen für diejenigen sein, die zuhören. Und wie werden Segnungen gewährt? *Aus dem Herzen.*

Es war einmal ein Edelmann[66] mit Macht und Reichtum. Er liebte alles. Bildung und Kunst und alles, woran er teilhatte. Aber die Zeiten waren in seinem Land unruhig, und aus irgendeinem Grund verlor er alles, was er hatte, und wurde eingesperrt. Dann gab es kaum noch etwas in seinem Leben. Alles, was er hatte, war die Zelle, der Gefängnishof und ab und zu ein oder zwei Worte mit seinem Wärter. Die Zelle war klein und düster, der Wärter schweigsam, der Hof eng und so dicht mit Kopfsteinpflaster gepflastert, dass man kaum die Erde zwischen ihnen sehen konnte.

Ja, es war tatsächlich eine kleine und öde Welt, in die sie ihn hineingedrängt hatten. Aber er hatte seine Gedanken, und täglich, wenn er in seinem engen Hof umherging, waren sie mit der Vergangenheit beschäftigt und webten und webten. Was für Muster sie bildeten, und er, der Arme, hatte manchmal Angst vor ihnen! Aber sie webten und webten trotzdem weiter.

Eines Tages, als er durch seinen Garten ging, bemerkte er, dass zwischen zwei Steinen etwas zu sein schien, und er betrachtete es. Mit größter Aufmerksamkeit studierte er es, dann kniete er auf den groben Steinen und schaute und schaute noch einmal. Sein Herz schlug und seine Hände zitterten, doch mit einer Berührung, die so sanft war, wie man sie nur geben konnte, bewegte er ein oder zwei Körnchen Erde, und da war etwas, worüber der arme Gefangene vor Freude aufschrie, als er es sah – eine winzige Pflanze . Wie in einer neuen Welt und sicherlich wie ein anderer Mann kümmerte er sich täglich um den zarten kleinen Begleiter, der gekommen war, um seine Einsamkeit zu teilen; Er dachte zuerst morgens und zuletzt abends daran. Er gab ihm seinen Wasservorrat und wachte wie ein Vater darüber.

Und es wuchs so, dass er eines Tages sah, dass seine Pflanze entweder sterben oder mehr Platz haben musste. Und es könnte nicht mehr Platz haben, wenn nicht das Kopfsteinpflaster entfernt würde. Dies war nun nur noch mit Zustimmung des Kaisers möglich . Nun, wir wollen uns nicht damit befassen, wie er herausgefunden hat, aber er hat seine Bitte an den Kaiser weitergeleitet , und was ist Ihrer Meinung nach nach einer Weile passiert? Dass der Pflanze mehr Platz gegeben wurde? Ja, das ist zum Teil so, und der Rest ist folgender: Dem Gefangenen selbst wurde mehr Raum gegeben – er wurde befreit.

Nur weil der Keim einer schönen Sache in seiner winzigen Welt zum Leben erwachte , fand er Liebe dafür und ein neues Leben, eine Fürsorge, *etwas außerhalb von sich selbst* . Und es hat ihm alles gebracht.

Diese Liebe, die nicht sich selbst geschenkt wird, offenbart die Schönheit der Welt.

KAPITEL XXII.

IN DER SCHULE.

„Jede nachfolgende Generation wird zu einem lebendigen Denkmal unserer öffentlichen Schulen und einem lebendigen Beispiel ihrer hervorragenden Leistungen." – *Joseph Story*.

Heutzutage lernen wir in unseren Schulen viele Dinge – sogar Musik. All das Lernen und auch die Musik müssen doch einen Zweck haben. Lassen Sie uns in diesem Vortrag herausfinden, was der Zweck ist.

kostet unsere Regierung viel Geld. In unserem Land gibt es mittlerweile fast zwanzig Millionen Kinder. Das ist eine unvorstellbare Zahl. Aber jeden Morgen des Jahres, wenn kein Ferientag ist, können Sie an diese riesige Zahl denken, die das Haus verlässt und zur Schule geht, um unterrichtet zu werden. Ich bin sicher, dieses Bild wird uns alle darüber nachdenken lassen, wie weise eine Regierung ist, die so viel dafür tut, uns mehr Wissen zu vermitteln, denn indem wir mehr lernen, können wir mehr genießen, mehr tun, mehr sein. Und das macht uns zu besseren Bürgern.

Jahr für Jahr, während die Menschen studieren und lernen, was man ihren Kindern am besten in der Schule beibringen sollte, wird immer klarer, dass das, was ihnen gegeben wird, auf seine Nützlichkeit hin diktiert wird. Arithmetik lehrt uns, unsere täglichen Angelegenheiten zu berechnen. Grammatik lehrt uns, zuzuhören und verständlich zu sprechen. Handschrift und Rechtschreibung lehren uns, die Zeichen richtig zu machen, die Sprache darstellen. Geographie lehrt uns, auf welcher Erde wir leben und wie wir uns auf ihr fortbewegen können. Geschichte lehrt uns, wie wir die Geschehnisse unserer Zeit verstehen können, und macht uns mit großen Männern früherer Zeiten bekannt, die sich durch ihr Streben einen Platz in unserer Erinnerung verdient haben.

Je weiter wir unsere schulische Ausbildung fortsetzen und neue Studien aufnehmen, desto mehr stellen wir fest, dass das, was wir lernen, einem Nutzen dient. Arithmetik wird zur Mathematik im Allgemeinen. Die Grammatik wird uns in anderen Sprachen vorgestellt und verzweigt sich in das Studium der Rhetorik und Literatur. Wir lernen die Geschichte vieler Länder kennen, insbesondere Griechenlands, Roms und Englands. Und nach und nach verschmelzen diese verschiedenen Geschichten zu einer einzigen, bis, vielleicht erst in Studienjahren oder später, die Taten der Länder in allen Jahrhunderten, von denen wir wissen, für uns eine ununterbrochene Geschichte sind. Wir kennen die Namen von Ländern und Menschen. Warum Griechenland die Kunst lieben konnte, warum Rom siegen konnte; warum diese Länder und all ihre Herrlichkeiten verschwanden, um anderen

Platz zu machen; All diese Dinge werden uns klar. Wir erfahren von Generälen, Staatsmännern, Dichtern, Musikern, Herrschern. Ihre Charaktere werden deutlich; Ihr Leben wird uns in Biografien präsentiert, und Jahr für Jahr wird die Geschichte der Erde und des Menschen vollständiger, faszinierender und hilfreicher für uns beim Erlernen unseres eigenen Alltags.

Neben all diesen Studien wird uns dann beigebracht, Dinge mit den Händen zu tun. Nach den Gesprächen, die wir bereits über das Tun geführt haben, wissen wir, was es bedeutet, die Hände zu trainieren. Es bedeutet eigentlich, die Gedanken zu trainieren. Wir trainieren den Geist, damit die Hände ihre Aufgaben richtig ausführen. Dasselbe gilt für die naturwissenschaftliche Unterrichtsstunde, in der wir lernen, zu sehen; tatsächlich unsere Augen zu benutzen, bis wir Dinge sehen. Das scheint vielleicht keine schwierige Aufgabe zu sein, aber es gibt wirklich sehr wenige Menschen, die ihre Augen genau und richtig benutzen können. Wenn es mehr davon gäbe, würden weniger Fehler gemacht.

also erkennen, dass die Aufgaben der Schule in zwei allgemeine Klassen unterteilt werden können:

Erstens das Lernen von Fakten.

Zweitens, das tatsächliche Erledigen von Aufgaben.

Sie werden schnell erkennen, dass wir Dinge nur dann richtig machen können, wenn wir Fakten kennen, die uns sagen, wie wir sie machen sollen. Das zeigt Ihnen sofort, wie weise die Ausbildung ist, die Sie erhalten.

Stellen wir uns nun vor, die Schulzeit sei vorbei. Viele Jahre lang bist du jeden Tag treu zu deinem Platz gegangen, hast deine Aufgaben so gewissenhaft wie möglich erledigt und deinen Unterricht gehalten, wobei Misserfolge dich zweifellos verletzt, Erfolge dich jedoch wieder erfreut haben. Was bleibt dir nun, wenn alles vorbei ist?

Nun, vor allem gibt es eine Wahrheit, an die die Leute, wie es sich wundert, nicht häufiger denken. Und diese Wahrheit ist diese: Die einzige Bildung, die wir in unserem eigenen Leben anwenden können, ist die, die wir selbst haben. Wir haben keine Hilfe mehr von Gefährten oder Lehrern. Wir verlassen uns ganz auf unser eigenes Wissen. Wenn wir sprechen, verwenden wir unsere eigenen Grammatikkenntnisse. Wir können kein Buch zur Hand haben, um daraus die Worte zu lernen, die wir verwenden sollen. Wenn wir eine Geldberechnung durchführen oder irgendetwas mit Zahlen machen, müssen wir das auf der Grundlage unserer Arithmetikkenntnisse tun, und es muss richtig sein, sonst werden die Leute sehr bald aufhören, mit uns Geschäfte zu machen. Wenn wir dann einen Brief von einem Freund bekommen, müssen wir selbst wissen, wie man ihn liest, und wenn wir jemandem aus der

Ferne etwas zu sagen haben, müssen wir uns klar schriftlich ausdrücken können, damit wir uns nicht in unserer Bedeutung irren.

Und das Gleiche gilt für alles andere. Unser Wissen über Geschichte, Geographie, über Menschen vergangener Zeiten, über die Grenzen von Ländern, Städten, Völkern, über alles muss von uns selbst kommen. Und je nachdem wir während unserer Schulzeit darauf geachtet haben, richtig zu sehen und richtig zu handeln, werden wir wahrscheinlich auch außerhalb der Schule sehen und handeln, wenn wir niemanden mehr haben, der freundlich und geduldig unsere Fehler korrigiert, uns neue Wege lehrt und uns größere Fähigkeiten verleiht. Wir können natürlich auch nach unserer Schulzeit weiter lernen; und die beste Bildung erhalten wir dann wirklich, wenn wir uns sofort daran machen, die Fehler zu korrigieren, die wir bei uns selbst finden.

Tatsächlich haben viele Männer den größten Teil ihrer Ausbildung nach dem Schulabschluss erlangt, wo sie vielleicht das Glück hatten, nur kurze Zeit zu bleiben.[67] Aber wir müssen bedenken, dass die Gewohnheiten des Lernens, Handelns und Suchens in jungen Jahren erworben werden, und wenn sie nicht erworben werden, dann kommen sie selten dazu.

Was haben wir nun über Schulen und Schulaufgaben gelernt? Wir haben ein wenig über den Zweck gelernt, der in der Bildung liegt, die wir erhalten; dass daraus die Kraft zum Handeln und Wissen hervorgehen muss; das ist unsere eigene Macht; nicht das von irgendjemand anderem. Wir haben gesehen, wie nützlich Schulunterricht ist und wie praktisch er in unserem täglichen Leben ist.

In all diesen Gesprächen haben wir nichts über Musik gesagt. Wenn wir jedoch verstehen, was die anderen Studien bedeuten und welchen Zweck sie haben, werden wir etwas lernen, das wertvoll sein wird, wenn wir uns mit der Bedeutung und dem Zweck von Musik in Schulen befassen. Das wird unser nächster Vortrag sein.

KAPITEL XXIII.

MUSIK IN DER SCHULE.

„Machen Sie sich schon in jungen Jahren mit dem Umfang der vier Stimmen vertraut.

„Versuchen Sie, auch mit einer schlechten Stimme ohne die Hilfe eines Instruments vom Blatt zu singen; dadurch wird sich Ihr Gehör ständig verbessern. Wenn Sie jedoch eine gute Stimme haben, zögern Sie keinen Moment, sie zu kultivieren; und Glaube gleichzeitig, dass der Himmel dir ein wertvolles Geschenk gemacht hat." – *Robert Schumann.* [68]

Im vorherigen Vortrag haben wir zwei sehr wichtige Fakten über das Schulstudium erfahren. Es waren diese:

I. Sie sind nützlich.

II. Sie sind im Verhältnis zu unserem eigenen tatsächlichen Wissen darüber (nicht im Verhältnis zu dem von irgendjemand anderem) nützlich.

Wir studieren keine nutzlosen Fächer, und wir gehen weder anhand unserer Bücher noch anhand unseres Lehrers durchs Leben und finden unseren Weg. Mit anderen Worten: Je härter wir arbeiten, desto unabhängiger werden wir; und je unabhängiger wir werden, desto mehr Kraft haben wir, anderen zu helfen.

Nun, was auch immer für andere Schulfächer gilt, gilt auch für die Musik. Es wird Kindern in der Schule gegeben, weil es nützlich ist und weil ein Kind durch das Erlernen Kraft gewinnen kann. Lassen Sie uns das sehen.

Für jemanden, der nicht tief nachdenkt, könnte es scheinen, dass, wenn irgendein Studium in der Schule nur Zierzwecken dient, es sich dabei um Musik handelt. Er könnte sagen, dass alle anderen Studien auf ein praktisches Ziel im Leben und im Geschäft abzielen: dass man durch Kenntnis der Musik weder etwas hinzufügen noch lesen noch Geschäfte abwickeln oder einen Brief richtig schreiben könne. Nur ein gedankenloser Mensch – *kein anderer* – würde das sagen.

Von der Nützlichkeit aller Schulstudien haben wir gesprochen. Wir müssen nur ein paar Schritte auf dem angenehmen Weg machen, über den wir so viele Gespräche geführt haben, und wir werden sehen, wie viel Musik im Leben bedeutet. Für uns ist es schon klar. Musik ist eine neue Welt, die neue Sinne kultiviert, uns lehrt, das Schöne zu lieben und uns auf zwei der wichtigsten Dinge im Leben achten lässt: die Gedanken und das Herz. Wir müssen genaue Gedanken haben, sonst ist die Musik nicht richtig gemacht , und das Herz mag sein, was es will, die Musik erzählt alles darüber. Deshalb lass es gut sein.

Aber Musik in der Schule bringt uns zu alltäglichen Aufgaben im Ton. Was lernen wir? Nachdem die Schwierigkeiten des Notenlesens und der Stimmbildung einigermaßen überwunden sind, lernen wir, um mehr Kraft zu erlangen, sowohl die ein-, zwei- oder dreistimmigen Übungen als auch die Lieder; die Übungen zum Erlernen der Fertigkeit und die Lieder, um die Fertigkeit anzuwenden und uns mit der Musik großer Meister vertraut zu machen.

In einem der ersten Vorträge sprachen wir über die Dur-Tonleiter. Sie hat nur acht Töne, und obwohl sie schon seit vielen hundert Jahren existiert, hat noch niemand von all den wunderbaren Klangbildern geträumt, die sie enthält. Alle großen Komponisten haben ihre Werke auf ihr geschrieben, und die Menschen werden in ihr noch Jahrhunderte lang große, reine und bleibende Schönheiten finden.

Wenn wir in der Schule singen, lernen wir, die Dur-Tonleiter sinnvoll einzusetzen. Sie fordert uns auf, bei den Melodien, die sie ausdrückt, darauf zu achten, dass jeder Ton in Länge, Tonhöhe, Lautstärke und am richtigen Platz ist. Wir müssen genau im Einklang mit den anderen singen, weder aufdringlich laut noch so leise, dass es nutzlos wäre. Und das verlangt Präzision von uns; und Präzision erfordert Überlegung. Und wenn wir singen, um unsere Stimme besser einsetzen zu können, müssen wir bei jedem Ton, den wir erzeugen, genau darauf achten, was wir tun. Das ist Konzentration. Wenn wir andererseits unsere Fertigkeiten an einem Lied erproben, müssen wir zusätzlich darauf achten, den richtigen Ausdruck zu geben, nicht nur die Töne klar zu singen, sondern auch die Worte, die wahre Stimmung sowohl des Gedichts als auch der Musik zu spüren und so viel von der Bedeutung des Dichters und Komponisten aus unserem Herzen auszudrücken, wie wir verstehen. All diese Dinge werden von uns besonders verlangt, wenn wir mehrstimmig singen. Die Melodie muss richtig ausgehalten werden und darf die darunterliegenden Stimmen nicht überdecken; während die Unterstimmen selbst niemals in die Melodie eindringen und auch keinen guten Hintergrund dafür bilden sollten. Das Singen von mehrstimmiger Musik ist eine der besten Möglichkeiten, die Aufmerksamkeit zu schulen – das heißt, Konzentration zu erlangen. Wenn wir unsere Stimme singen , müssen wir Folgendes im Kopf haben:

I. Dranbleiben und sich nicht von einem anderen Teil ablenken lassen.

II. Um dem Teil, den wir singen, die gebührende Bedeutung zu verleihen.

III. Die vollkommene Gleichheit der Teile niemals durch übermäßige Eile oder Zurückhaltung zerstören.

IV. Denken Sie daran, dass jeder Teil wichtig ist. Die anderen Sänger müssen genauso viel bedenken und tun wie wir und haben ebenso viel Lob verdient.

V. Aufmerksam sein, um genau an der richtigen Stelle unseren Beitrag zu leisten.

VI. Die volle Bedeutung des Dichters und Komponisten in jedes Wort und jeden Ton legen.

Dies sind schließlich nur einige der Dinge; Aber von ihnen können wir vielleicht lernen, dass Singen (und Spielen ist ganz dasselbe) eine der heikelsten Aufgaben ist, die wir lernen können, und dass sie gleichzeitig in vielerlei Hinsicht Aufmerksamkeit von uns erfordert . Schon jetzt ist der Nutzen der Musik klar, denn die Fähigkeiten, die wir in der Musik einzusetzen lernen, bilden eine Kraft aus, die auf alles angewendet werden kann.

Aber Musik hat für uns noch einen größeren Lohn als diesen. Es präsentiert uns viele Arten von Gedanken und Bildern – von Tapferkeit, Nachdenklichkeit, Fröhlichkeit und anderen unzähligen – und dann verlangt es, dass wir sie studieren, um sie wahrheitsgemäß aus unserem Herzen zu singen. Und wenn wir diese Musik machen können, dann ist das eine Freude für uns und andere.

Jetzt sehen wir, dass Musik, genau wie die anderen Studien, nützlich ist und uns die Kraft gibt, etwas zu tun. Und neben seinem Nutzen und seiner Kraft ist es, vielleicht mehr als jede andere Studie, das größte Mittel, anderen Glück zu bereiten. Aber dazu gibt es noch ein Wort zu sagen. Das wird unser nächster Vortrag sein.

KAPITEL XXIV.

WIE DAS EINE DEM ANDEREN HILFT.

„Musik wäscht den Staub des Alltags von der Seele." – *Berthold Auerbach.*

Gleich am Ende unseres Vortrags über Musik in der Schule sagte ich, dass Musik von allen Studienarten die wirkungsvollste sei, um anderen Freude zu bereiten. In diesem Vortrag werden wir versuchen herauszufinden, was die Studien voneinander bewirken.

Noch einmal – und wir dürfen nicht müde werden, wenn uns immer wieder derselbe Gedanke kommt – wollen wir uns daran erinnern, dass Musik ein in Tönen ausgedrückter Gedanke ist. Klassische Musik ist ein großer und starker Gedanke; schlechte, unwürdige Musik ist ein schwacher, vielleicht falscher oder gemeiner Gedanke.

Außerdem haben wir gelernt, dass Gedanken zwar gut und rein sein können, aber dennoch allein nicht ausreichen. Sie müssen gut ausgedrückt werden. Kurz gesagt, zu Gedanken der richtigen Art müssen wir Wissen hinzufügen, damit wir sie anderen auf die richtige Weise präsentieren können.

Nun stimmt es: Je mehr Wissen wir haben, desto mehr können wir mit Musik anfangen. Wir können ihm mehr Bedeutung verleihen; wir können alle anspruchsvollen Aufgaben, die es erfordert, besser erfüllen; Wir können seiner Kunst mehr Bedeutung verleihen und klarer erkennen, wie groß das Genie des Komponisten ist. Abgesehen von diesen Dingen bekommt ein gut trainierter Geist mehr Gedanken von einem Thema als ein untrainierter Geist. Eines Tages werden Sie dies deutlicher erkennen, wenn Sie beobachten, wie viel besser Sie Ihre eigene Sprache verstehen können, wenn Sie über Griechisch- und Lateinkenntnisse verfügen.

Natürlich haben alle schulischen Studien einen Nutzen – einen direkten Nutzen – indem sie uns auf die eine oder andere Weise etwas geben, das uns im Leben hilft. Aber darüber hinaus erhalten wir noch eine weitere Hilfe durch das Studium; nämlich die richtige Beschäftigung des Geistes. Denn die richtige Art und Weise, Dinge zu tun, die des Herzens würdig sind, gibt Kraft und Gutes. Es ist die falsche Art, Dinge zu tun, die uns Probleme bereitet. Manche Studien verlangen vor allem Genauigkeit , wie das Studium der Arithmetik, andere ein gutes Gedächtnis, wie Geschichte, wieder andere beanspruchen viele Fähigkeiten, wie wir in unserem Vortrag über Schulmusik gesehen haben.

Einige der Studien sind für uns besonders wertvoll, weil sie uns zum *Handeln anregen. Man könnte sie als Handlungsstudien* bezeichnen . In der Arithmetik gibt es ein Ergebnis, und zwar nur ein einziges Ergebnis, das angestrebt werden muss. In der Grammatik müssen wir jede Regel, die wir lernen, in unserer

Sprache anwenden. Manuelles Training erfordert Urteilsvermögen und den sorgfältigen Gebrauch der Hände. Die Handschrift ist eine Prüfung für die Hand, aber Geschichte ist ein Studium, das mehr das Gedächtnis als die Handlungsfähigkeit beansprucht.

Schulmusik, das sieht man sofort, ist ein praktisches Studium. Nicht nur das, sie ist voller Leben, attraktiv, spricht auf vielfältige Weise die Gedanken an und ist dennoch ein herzhaftes Studium – damit meine ich ein Studium für das Herz.

Wenn Sie in Ihren Klaviernoten auf die italienischen Wörter geachtet haben, die am Anfang von Kompositionen stehen, haben Sie vielleicht darüber nachgedacht, wie ausdrucksstark die meisten von ihnen das Herz und die Handlung beeinflussen. Es sind insbesondere Tatwörter. *Allegro bedeutet* heiter, das ist seine wahre Bedeutung. Es weist uns an, die Musik beim Singen oder Spielen heiter klingen zu lassen. Wozu? Damit die Heiterkeit des Komponisten uns und anderen Menschen zuteilwird. Und *Vivace* bedeutet nicht bloß schnell, sondern lebhaft. Was bedeutet nun lebhaft? Es bedeutet das, was sein Wurzelwort *vivere* bedeutet, nämlich leben. Es weist darauf hin, dass die Musik voller Leben sein muss, und gemeint ist das wahre Leben voller Glück und Sorglosigkeit. So ist es auch mit *Moderato*, einem Tatwort, das uns ganz genau sagt, wie wir es machen sollen, nämlich nicht zu schnell, sodass es durch Eile verdorben wird, und auch nicht zu langsam, sodass es sich schleppend anfühlt, sondern auf eine besondere Art, das heißt mit Mäßigung.

Musik hat ihren Platz als ein Studium *des Tuns*, und wie wir bereits festgestellt haben, gibt es viele Arten des Tuns, die alle Sorgfalt erfordern. Singen oder Spielen ist Tun; Noten lesen ist Tun; die Bedeutung des Komponisten zu studieren ist Tun; andere spüren zu lassen, was es bedeutet, ist Tun; alles ist Tun, und *Tun* ist wahres Leben, *vorausgesetzt, es ist selbstlos*.

Lassen Sie uns sehen, ob sich aus all dem nicht eine einfache Lehre ergibt. Um sie zu lernen, müssen wir alte Gedanken noch einmal wiederholen. Die Musik selbst verwendet immer wieder dieselben Töne. Auf diese Weise beginnen wir, den Ton ein wenig zu verstehen.

Das Lernen in der Schule stellt den Geist auf die Probe. Durch die nach und nach zunehmenden Aufgaben wird der Geist gestärkt. Auf diese Weise gewinnt man an Kraft. Bei Aufgaben, die Genauigkeit erfordern, dürfen die Gedanken nicht überallhin verstreut sein, sondern müssen sich auf die zu erledigende Aufgabe konzentrieren. Auf diese Weise gewinnt man Konzentration. Indem man die Hand mit Sorgfalt und einem bestimmten Ziel arbeiten lässt, gewinnt man Geschick. Indem man von den Gedanken verlangt, alle Eigenschaften eines Objekts zu erforschen, gewinnt man Aufmerksamkeit. Indem man uns Dinge und Zeichen für Dinge vorlegt, lernen wir zu sehen. Indem man uns in Geräuschen unterrichtet, lernen wir zuzuhören. Wenn wir eine Aufgabe haben, die nur ein einziges richtiges Ergebnis zulässt, lernen wir Genauigkeit.

Aus allem, was wir in diesen Vorträgen über Musik gelernt haben, dürfte klar sein, dass es sich bei all diesen Eigenschaften um genau die Dinge handelt, die in der Musik benötigt werden:

I. Gedankenkraft für wirkliches Handeln.

II. Konzentration auf das Richtige Tun.

III. Fähigkeiten zum Wohle der Menschen.

IV. Sehen und Zuhören zur Förderung der Aufmerksamkeit.

V. Richtigkeit der Vorgehensweise.

Wir wollten eine einfache Lektion lernen. Und zwar diese:

Lasst uns alles lernen, was richtig und wertvoll ist, um unseren Geist zu stärken, unser Herz zu schulen und anderen etwas Gutes und Freude zu bereiten. Denn diese Dinge sind der Geist der Musik.

KAPITEL XXV.

DAS SPIELENDE KIND.

„Wenn der lange Tag vorüber ist, wenden sich die Schritte heimwärts."

einmal ein Kind, das am Strand spielte. Die Wellen sangen, der Sand glänzte und die Kiesel glitzerten. Überall war Licht; Licht vom blauen Himmel, vom bewegten Wasser und von den glitzernden Kieseln.

Das Kleine sang in seiner Freude mit dem murmelnden Meer und spielte mit den Steinen und Muscheln, die herumlagen. Freude war überall und das Kind war davon erfüllt.

Aber der Tag verging. Und der Kleine trauerte in seinem Herzen, den schönen Ort zu verlassen. Freude war da und viele seltene Dinge, mit denen man spielen und genießen konnte.

Das Kind konnte sie nicht alle verlassen. Es tat ihm im Herzen weh, daran zu denken, wie sie dort allein am Meer lagen. Und es dachte:

„Ich werde die Kieselsteine und Muscheln mitnehmen und versuchen, mich an das Sonnenlicht und den Gesang des Meeres zu erinnern."

So begann es seine kleinen Hände zu füllen. Aber es sah, dass, nachdem so viele wie möglich versammelt waren, noch Myriaden übrig blieben. Und es musste sie verlassen.

Müde und mit wehmütigem Herzen stapfte es nach Hause, die Hände voller Kieselsteine, die am Strand in der Sonne glänzten. Jetzt aber schienen sie stumpf zu sein. Und deshalb schien es das Kind nicht so sehr zu bedauern, wenn ab und zu einer herunterfiel. „Es sind noch welche in meinen Händen", dachte es.

Endlich näherte es sich seinem Zuhause; so müde, dass es seine kleinen Glieder kaum bewegen konnte. Und jemand, der das Kind liebte, kam lächelnd heraus, um es willkommen zu heißen. Das Kleine trat dicht an es heran und legte seinen müden Kopf darauf. Und als es seine kleine, vom Meer und Sand beschmutzte Hand öffnete, sagte es:

„Schau, Mutter, ich habe noch eins. Darf ich die anderen irgendwann holen?"

Und die Mutter sagte:

„Ja, du sollst wieder gehen."

Und das Kind schlief ein und träumte vom singenden Meer und vom Sonnenlicht, denn diese waren in seinem Herzen.

ANHANG

In diesen Vorträgen wird auf folgende Werke Bezug genommen:

Addison, Joseph, „Zuschauer".

Alexander, Francesca, „ Christusvolk im Apennin."

Antoninus, M. Aurelius, „Meditationen".

Aristoteles, „Ethik".

Bach, JS, „Das Wohltemperierte Clavicord ."

Bach, JS, „Kleine Präludien ."

Baldwin, James, „Alte griechische Geschichten".

Bacon, Francis, „Essays".

Bridge, JF, „Einfacher Kontrapunkt".

Carlyle, Thomas, „Helden und Heldenverehrung."

Cellini, Benvenuto, „Autobiographie".

Epictetus, „Memoiren".

Grove, Sir George, „Wörterbuch der Musik und Musiker".

Halleck, RP, „Psychologie und psychische Kultur."

Händel, GF, „Der Messias."

Haupt, August, „ Choralbuch ".

Liszt, Franz, „Leben von Chopin."

Lubbock, Sir John, „Vergnügungen des Lebens".

Luther, Martin, „Tischgespräch".

Mendelssohn, Felix, „Briefe aus Italien und der Schweiz."

Parker, JH, „ABC der gotischen Architektur."

Ruskin, John, „Königin der Lüfte".

Ruskin, John, „Sesam und Lilien".

Ruskin, John, „Val d'Arno ".

Saintine , XB, „ Picciola ".

Schubert, Franz, „Lieder".

Schumann, Robert, „Album für die Voung."

Schumann, Robert, „Briefe".

Schumann, Robert, „Regeln für junge Musiker."

Tapper, Thomas, „Chats mit Musikstudenten."

Tyndall, John, „Gletscher der Alpen".

Tyndall, John, „Über Ton".

Verschiedene Autoren, „Les Maitres du Clavicin ".

Xenophon, „Erinnerungsstücke".

* * * * *

Chats mit Musikstudenten

ODER

GESPRÄCHE ÜBER MUSIK UND DAS MUSIKERLEBEN.

VON

THOMAS TAPPER.

Preis, in Stoff gebunden, 1,50 $.

Dieser Band spricht jeden Musikstudenten an, egal ob Anfänger oder Fortgeschrittener. Er soll diejenigen, die Musik zu ihrem Lebenswerk machen, auf die vielen Themen aufmerksam machen, die im Zusammenhang mit Musik berücksichtigt werden sollten. Zu diesem Zweck haben die für die Gespräche ausgewählten Themen einen praktischen Wert, decken ein breites Spektrum ab und werden aus der Perspektive behandelt, die dem Studenten am besten hilft. Der Leser wird ins Vertrauen gezogen und findet in den Kapiteln dieses Werks viele Hinweise und Vorteile, die sich auf sein eigenes tägliches Leben als Musiker beziehen.

* * * * *

21 AUSGEWÄHLT

CRAMER-STUDIEN.

Aus der Von Bülow-Ausgabe.

PREIS 1,50 $, FEST GEBUNDEN.

Die vorliegende Gesamtausgabe kostet im Einzelhandel 2,50 $ und 3,00 $. Ein Großteil des Materials in der Gesamtausgabe kann ohne Beeinträchtigung seines technischen Wertes eliminiert werden. Wir haben daher eine Auswahl der erlesensten Ausgaben von Von Bülow zusammengestellt und sie in einem sehr schönen Stil in einem Band gebunden. Lediglich die schwierigsten und unwichtigsten wurden eliminiert.

* * * * *

Der normale Kurs der Klaviertechnik.

DESIGNED FÜR

SCHULEN, LEHRER UND SCHÜLER.

Von WM. B. WARTEN.

Preis 1,50 $, gebunden.

Der NORMALKURS basiert auf der Grundidee, dass technische Studien in Musik für die Entwicklung, Disziplin und Bildung des Geistes und für die Vermittlung des Denkens und Handelns des Lernenden genauso nützlich sind wie jeder andere Zweig.

EIGENSCHAFTEN DES BUCHES:

Klare, prägnante Darstellung von Fakten und Grundsätzen.

Es wird nur auf das Wesentliche eingegangen.

Es ordnet die Materialien in Noten, nach Abteilungen, Kursen und Schritten.

Es weist eine bestimmte Art und Reihenfolge der Entwicklung auf.

Der Studiengang ist so übersichtlich aufgebaut wie in jedem anderen Studienzweig auch.

Praxis, die auf dem Verständnis der Mittel und deren Anwendung auf Zwecke basiert.

Dadurch kann die Aufmerksamkeit in der Praxis auf die Hände und nicht auf die Seiten gerichtet werden.

In den Schulen soll dadurch eine Einheitlichkeit des Unterrichts sichergestellt werden.

Es bildet die Grundlage für mündliche Vorträge und Prüfungen wie in anderen Fächern.

Es ist logisch, systematisch und gründlich.

Es ist ein Buch für Schulen, Lehrer und Schüler.

ANMERKUNGEN:

1: Aus den „Tischgesprächen".

2: Spielen Sie den Kindern Schuberts Lied „Der Orgelmann" vor.

3: Phillips Brooks sagt in einer seiner Predigten („Identität und Vielfalt"): „Jede Tat hat ihre perfekte und vollständige Art, ausgeführt zu werden."

4: Ausgabe Bohn, S. 35.

5: Lesen Sie den Kindern die Teile aus Francesca Alexanders „Christi Volk im Apennin" vor, die Ihnen relevant erscheinen.

6: John Ruskin, aus der neunten Vorlesung von „Val d'Arno ".

7: John Ruskin. Dritte Vorlesung von „Val d'Arno ".

8: „Leben Chopins", Kapitel V von Franz Liszt.

9: *Ebenda* , Kapitel VI.

10: „Über den Ton."

11: Es wird auf „Über Schall" verwiesen. Der letzte Absatz von Abschnitt 10, Kapitel II, könnte für die Kinder von Interesse sein. Die letzten beiden Absätze von Abschnitt 13 sind nicht nur interessant, sondern zeigen auch, wie einfach ein Wissenschaftler schreiben kann.

12: Wenn Sie das Original wünschen, siehe Tyndalls „Glaciers of the Alps".

13: Schumann schrieb in einem Brief an Ferdinand Hiller: „Wir sollten lernen, das Innenohr zu verfeinern."

14: Aus der Predigt „Der Ernst des Lebens".

15: Beachten Sie einmal, wie viele unserer englischen Wörter die lateinische *Zahl* .

16: Siehe das vierte Kapitel von Reuben Post Hallecks „Psychology and Psychic Culture".

17: Zum Beispiel das Thema der c-Moll-Fuge im ersten Buch des „Wohltemperierten Clavicord ".

18: Das Thema der cis-Moll-Fuge.

19: Das Präludium in es-Moll und das Thema der gis-Moll-Fuge.

20: Robert Schumann.

21: Zitiert von Xenophon in den „Memorabilia", Buch II, Kapitel I, Bohn-Ausgabe.

22: „Helden und Heldenverehrung", Vorlesung I.

23: Aus der Predigt mit dem Titel „Hintergründe und Vordergrund".

24: Ich möchte noch einmal darauf hinweisen, wie wertvoll es ist, die Kinder mit Büchern wie „ABC of Gothic Architecture" von J. H. Parker vertraut zu machen und immer viele Fotos von großartigen Gebäuden, großartigen Männern, großartigen Kunstwerken und berühmten Orten zur Hand zu haben, damit sie sie sehen und kennenlernen können (*denken Sie daran,* sie damit vertraut *zu machen*).

25: Siehe „Psychology and Psychic Culture" von RP Halleck.

26: Lesen Sie die Absätze 41 und 42 von John Ruskins „Athena Chalinitis ", der ersten Vorlesung von „Queen of the Air".

27: John Ruskin, aus der Vorlesung „Franchise" in „Val d'Arno ", Abs. 206.

28: „Briefe von Felix Mendelssohn Bartholdy aus Italien und der Schweiz." Brief vom 15. Juli 1831.

29: „Brief vom 19. Dezember 1831."

30: Lesen Sie auch, was auf S. 28 über Chopin gesagt wird.

31: Lesen Sie den Kindern „Der wunderbare Weber" aus „Old Greek Stories" von James Baldwin vor. Es ist nur wenige Seiten lang und gut erzählt.

32: Robert Schumann.

33: „Queen of the Air" von John Ruskin, Abs. 102. („Athena Ergane "). Lesen Sie den Kindern alles vor.

34: *Ebenda* .

35: Lord Bacon, aus dem Aufsatz „Of Great Places".

36: Robert Schumann.

37: Lesen Sie John Ruskins „Sesam und die Lilien", Abs. 19 und so viel von dem, was folgt, wie Sie für sinnvoll halten.

38: „Die Ethik", Buch IX, Kapitel VII.

39: Ich denke immer daran, dass der Lehrer das Original lesen oder darauf verweisen wird, wenn die Quelle so offensichtlich ist wie in diesem Fall. Es liegt jedoch im Ermessen der Lehrerin bzw. der Mutter, zu entscheiden, was und wie viel von einem solchen Original gelesen werden soll und was man am besten dazu sagen sollte.

40: Ich habe nicht versucht, die genauen Worte zu zitieren, die normalerweise verwendet werden.

41: Sokrates. Dieses Zitat stammt aus den „Memorabilia of Xenophon", Buch I, Kapitel VI.

42: Mary Russell Mitford.

43: „Autobiographie von Benvenuto Cellini", Bohn-Ausgabe, S. 23.

44: „Das Miserere" von „Gregorio Allegri". Es wurde für neun Stimmen in zwei Chören geschrieben. „Es gab eine Zeit, in der es so geschätzt wurde, dass es ein Verbrechen war, es zu kopieren, das mit der Exkommunikation verbunden war. Mozart notierte die Noten, während der Chor sie sang." (Siehe Groves „Dictionary of Music and Musicians", Band I, Seite 54.)

45: Dr. Bridge „Über den einfachen Kontrapunkt." Vorwort.

46: Siehe im „ *Choralbuch* " *von August Haupt zum häuslichen* „ *Gebrauch* ", ein einfacher Choral. Der mit dem Titel „ *Zion klagt mit Angst und Schmerzen* " ist von einzigartiger Schönheit und Einfachheit.

47: Peters Edition, Nr. 200, Seite 11.

Les Maitres du Clavicin "zu haben . (Sie sind in der Litolff- Sammlung erhältlich .)

49: Op. 106.

50: " *Der Erste* „ *Verlust* " in Schumanns Opus 68 ist insofern gut konzipiert, als es an manchen Stellen frei harmonisch, an anderen imitierend ist, während die Melodie zu Beginn sehr einfach begleitet wird. Zeigen Sie den Kindern, wie interessant der Part der linken Hand in dieser kleinen Komposition ist.

51: Aus einem Brief des Spectator.

52: Aus dem achten Absatz der Vorlesung mit dem Titel „Nikolaus, der Pisaner" in „Val D'Arno ".

53: Ein blinder Bettler, der auf einer Brücke in einer englischen Stadt (es war Chester) saß, überraschte mich oft mit der Schnelligkeit seines Handlesens und dem wunderbaren Licht seines Gesichts. Es war völlig frei von der Ratlosigkeit, die die meisten von uns zeigen. Sie muss in uns entstehen, weil wir von so vielen Dingen angezogen werden.

54: Einundachtzigster Absatz von „Val d'Arno ".

55: Marcus Aurelius Antoninus, „Die Meditationen", Buch V, Abs. 34.

56: Siehe Fußnote, S. 119.

57: Aus dem dreizehnten Absatz des vierten Buches. Ich habe den Wortlaut ein wenig geändert, um es einfacher zu machen.

58: Sechzehnter Absatz des fünften Buches.

59: *Essi quam videri* .

60: „Die Erinnerungsstücke.“

61: „Epictetus“, HW Rollisons Übersetzung.

62: Platon.

63: Mozart schrieb zwischen dem 26. Juni und dem 10. August im Jahr 1778 drei Sinfonien; und ein Italiener, Giovanni Animuccia , soll innerhalb von fünf Monaten drei Messen, vier Motetten und vierzehn Hymnen geschrieben haben. Als Beispiel früher Komposition schrieb Johann Friedrich Bernold vor seinem zehnten Lebensjahr eine Symphonie und war in ganz Europa berühmt.

64: Xenophon, „The Memorabilia“, Buch IV, Kapitel VIII.

65: Aus den „Vergnügungen des Lebens“. Achtes Kapitel der zweiten Serie.

66: Die kleine Romanze von NB Saintine wird erwähnt.

67: Lesen Sie den Kindern Kapitel XIV in meinen „Chats mit Musikstudenten“ vor.

68: „Regeln für junge Musiker.“